编 委 会

主　编　李向楠

副主编　张彦敏　禹　湘

参　编　张丽华　齐　力　马淑芹

　　　　　李　蕊　刘海芳　姜紫宸

目　　录

我国农产品追溯法律制度探析　李向楠　佟占军/ 1
我国农产品地理标志保护及其问题与对策　王祎梦/ 10
转基因食品标识法律制度研究　彭丽颖/ 26
北京水漳土地信托融资现状及法律障碍调研报告　李　蕊/ 41
黑龙江兰西土地信托融资现状及法律障碍的调研报告　李　蕊/ 95
老年人精神赡养法律对策研究　李希诺/ 115
我国政府和社会资本合作法律问题研究　陆　畅/ 135
我国碳排放权交易的现状及其完善　朱雪飞/ 149
我国劳动争议处理机制的缺陷与完善　黄婉迪/ 162
论我国非法证据排除规则的举证责任　周　倩/ 173
我国国际私法中对弱者利益的保护　尚　群/ 186
我国开展南极旅游环境方面的法律应对探讨　高　会/ 203

我国农产品追溯法律制度探析

李向楠　佟占军

摘　要： 随着社会经济的发展，农产品质量安全问题越来越受重视。建立农产品追溯法律制度有利于维护市场秩序、应对贸易壁垒和保障公民权利。中国农产品追溯法律制度存在主体缺失、地区标准不统一、处罚力度弱、追溯执法缺乏协调、社会参与程度低等问题。应从增加义务主体、统一各地区关于追溯的规定、加大处罚力度、统一监管职责、提高社会参与度等方面加以完善。

关键词： 农产品　质量安全　追溯法律制度

农产品是指来源于农业的初级产品，也就是在农业活动中获得的植物、动物、微生物及其产品，是食物的主要来源。随着重金属超标、农兽药残留、疯牛病等事件的发生，农产品质量安全受到前所未有的关注。农产品追溯法律制度是农产品质量安全的重要保障，农产品追溯是以现代计算机网络技术以及传统的农产品登记记录制度为依托，对市场各个阶段的信息流进行连续性的记录和保障，来追溯确认有问题农产品的一种制度，其建立有助于农产品质量的控制和在必要时候的召回❶。

一、中国建立农产品追溯法律制度的必要性

农产品是城乡居民的主要食物来源，建立农产品质量安全追溯法律

❶ 魏国辰，郄海拓．对完善我国农产品安全信息可追溯制度的思考［J］．安徽农业科学，2013，4（12）：55-56.

制度，有利于保障公民权利，有利于维护市场秩序，有利于应对国际贸易壁垒，提高中国农产品国际市场竞争力。

（一）保障公民权利

建立农产品追溯法律制度，有利于保障消费者的知情权，进而保障公民的生命健康权。美国学者谢尔逊等按照消费者获得商品信息的途径将商品分为搜寻品、经验品、信用品❶。农产品搜寻品特性是在购买前能够获得充分信息并能够判断其品质的特征，如商品的外观；农产品经验品特性是在购买后才能够判断其质量的内在特征，如产品的口感；农产品信用品特性是在消费以后也不能够判断其品质，需要借助于其他信息才能够决定其品质的内在特征，如产品的安全性、营养价值等。农产品具有生物学的特性，所富含的营养价值因为其生长过程而有所不同，质量具有不确定性和差异性。同时，农兽药残留、抗生素、激素、营养成分、病菌含量、化肥使用残留等对农产品质量造成的影响，即使在消费者品尝后也不一定能够做出准确的判断。农产品具有经验品和信用品的特性。农产品质量安全关系公民的身体健康和生命安全，农产品追溯则是保障农产品质量安全的关键措施。中国共产党十八届三中全会决议提出，要完善统一权威的食品药品安全监管机构，建立最严格的覆盖全过程的监管制度，建立食品原产地可追溯制度和质量标识制度。❷ 2013年12月24日的中央农村工作会议指出，食品安全源在农产品，基础在农业，必须正本清源，首先把农产品质量抓好，用最严谨的标准、最严格的监管、最严厉的惩罚、最严肃的问责，确保广大人民群众“舌尖上的安全”。农产品追溯法律制度能够明确生产者和经营者的权利与义务，建立起约束机制，保障农产品的质量安全。建立健全农产品追溯法律制度，有利于严厉打击危害农产品质量安全的违法犯罪行为，保障公民的生命健康权。❸

---

❶ 任大鹏. 农产品质量安全法律制度研究［M］. 北京：社会科学文献出版社，2009.

❷ 十八届三中全会会议决议

❸ 2013年12月24日的中央农村工作会议

（二）维护市场秩序

农产品市场存在信息不对称的问题。其一，生产者与消费者的信息不对称，消费者从外观上难以辨识农产品的内在品质。其二，生产者与行政主管部门的信息不对称，因农产品的生产分散、地域广阔、产量巨大、追溯性差异及检测成本高昂，主管部门难以对其实施全面、全程监控。其三，行政主管部门与消费者的信息不对称，行政主管部门的农产品质量安全信息往往不能迅速有效地传递给消费者，消费者缺乏做出抉择的信息❶。农产品质量安全涉及不特定人群的生命健康，一旦发生安全事故则致害结果不可逆转，因此在市场按质定价的基础上，需要政府对农产品质量进行适度的干预。建立健全农产品追溯制度，可以通过跟踪农产品流向，减少致害农产品范围来维护市场秩序，促进市场经济健康发展。

（三）应对贸易壁垒

20 世纪 90 年代以来，全球范围内发生很多农产品质量安全事件，如牛奶金葡萄菌污染、疯牛病、口蹄疫等。世界贸易组织（WTO）规定，在涉及生命健康以及生态的情况下，各国可以制定本国的标准和规则，可以实施超出国际标准的技术性贸易措施❷。美国、日本和一些欧洲国家采用较高的技术标准，中国出口的茶叶、兔肉、鸡肉、猪肉、鱼肉和蔬菜等农产品，由于农、兽药残留及重金属超标等问题，被拒收、扣留、退货、销毁、索赔和中止合同，一些传统的出口食用农产品被迫退出国际市场。

在国际贸易绿色壁垒的制约面前，中国农产品竞争力较弱，影响农民收入和农业的持续发展。建立农产品追溯体系，建立健全农产品追溯法律制度，有利于锁定问题农产品的来源，树立生产者责任意识，从而提高中国农产品市场竞争力，消除绿色壁垒的影响，促进农业和对外贸

---

❶ 张耀钢，李功奎. 农户生产行为对农产品质量安全的影响分析 [J]. 生产力研究，2004 (6)：34-35.

❷ 王莉，胡胜德. 美、日、欧农产品技术性贸易壁垒比较研究 [J]. 经济纵横，2007 (7)：79-80.

易产业的发展。

二、中国农产品追溯法律制度存在的问题

中国农产品质量安全追溯法律制度存在以下问题：中国农产品质量安全法中义务主体缺失、各地区规定不统一、法律惩罚力度较弱、追溯监管执法缺乏协调、社会参与度低。

（一）义务主体缺失

2006 年通过的《中华人民共和国农产品质量安全法》（简称《农产品质量安全法》）第 24 条规定，农产品生产企业和农民专业合作经济组织应当建立农产品生产记录，如实记载下列事项：使用农业投入品的名称、来源、用法、用量和使用、停用的日期；动物疫病、植物病虫草害的发生和防治情况；收获、屠宰或者捕捞的日期。中国农产品生产者主要以农户为主，农户是由血缘关系组合而成的一种社会组织形式，是中国农业生产经营的主体，是农产品的主要供给者[1]。然而，在农产品质量安全法中，只规定农产品生产企业和农民专业合作经济组织两个主体，并未将农户纳入其中。

（二）地区规定不统一

中国部分省市先后制定一些规章制度。农业部启动包括北京、上海等 8 个城市在内的农产品质量安全追溯试点，建立信息库，推进网络平台建设，规范生产记录，要求生产者、加工者对农产品进行编码建档[2]。2007 年，北京市制定《北京农业局关于推进北京市动物标识及疫病可追溯体系建设工作的意见》。2007 年，山东省作为试点，构建智能化食品安全追溯体系，为农产品溯源信息平台的建设和相关标准的制定提供基础。2011 年上海市颁布实施《上海市食用农产品安全监管暂行办法》。

---

❶ 刘冬梅，雷玲. 关于建立农产品质量安全信息系统的思考［J］. 农村经济，2007（1）：13-14.

❷ 樊虎玲，赵坤，程晓东. 农产品质量可追溯制度建设现状与思考［J］. 陕西农业科学，2012（5）：127-128.

在市场经济条件下，农产品在全国范围内进行流通交易，虽然中国部分省市已经出台农产品追溯措施，但是农产品追溯的规定并不一致。如北京市和上海市在农产品追溯法律制度建设的立足点不统一，《北京市农业局关于推进北京市动物标识及疫病可追溯体系建设工作的意见》中确定分级负责，确保质量的原则，着重数据库建设、师资培训以及技术指导，具体规定市级进行数据中心建设，各区县负责人员培训等内容，而《上海市食用农产品安全监管暂行办法》侧重于推进农业标准化建设，强化农用生产资料使用管理。这导致各区域之间数据库系统不统一，对追溯区域间流通的农产品造成障碍。

（三）处罚力度弱

根据《农产品质量安全法》第 47 条、第 48 条规定，对于未建立或伪造生产记录或者未按照要求保存生产记录的生产企业、农业合作社和其他经济组织，责令限期改正，如果逾期不改正的，则处以 2000 元以下的罚款；对于农产品销售不按照标准进行包装、标识的，应责令整改，逾期不改正的，应当处以 2000 元以下的罚款。现有法律中规定的违法成本与巨大的经济利益不成比例。企业、农业合作社和其他经济组织，可能存在伪造生产记录或者不按照要求保存、记录生产情况以及不按照标准进行包装、标识，从而降低生产成本，获得更多的经济利益。然而法律中只规定责令期限改正，在逾期不改的情况下，处以 2000 元以下的罚款。生产企业在违反《农产品质量安全法》中关于追溯规定的情形下，受到的处罚低于获得的经济利益。

（四）追溯执法缺乏协调

农产品从田间到餐桌要经过生产、加工、配送、经营和消费等多个环节。2004 年 9 月 1 日发布的《国务院关于进一步加强食品安全工作的决定》规定，食品安全按照一个监管环节由一个部门监管的原则，采取分段监管为主、品种监管为辅的方式。目前，中国的食品质量安全管理是分段进行，农业部门负责监控生产的过程，质量管理部门负责监控加工过程，工商管理部门负责监管流通环节，卫生管理部门负责监管消费环节❶。在这种管理模式下，实现农产品全程追溯是存在困难的。

（五）社会参与程度低

当前，中国农产品追溯的社会参与程度低。中国政府在农产品追溯制度中并未起到主导地位。农产品加工生产企业、农业合作社、农产品批发市场、农户未能主动参与到农产品质量追溯体系中来。由于记录信息的真实程度未能满足广大消费者的要求，在消费者对追溯商品不信任的情况下，消费者也难以参与到农产品追溯体系中来。

三、中国农产品可追溯法律制度的完善

基于中国农产品质量安全追溯体系建设中存在的主要问题以及研究者对其原因的分析，笔者认为推进农产品质量安全追溯法律制度的建设，应当在法律条款中增加义务主体，统一各地关于农产品追溯的法律规定，加大惩罚力度，统一监管职责，提升社会的整体参与度。

（一）增加义务主体

首先，将农户这一主体纳入农产品质量安全范畴，使农产品生产企业、农民专业合作经济组织、农户成为追溯法律制度的主体。其次，中国为农业大国，农户在农业生产中占有较大比例，大多农户生产出的农产品还是以自给自足为主，农产品的商品率较低。在现行法律中应根据农户所生产的农产品用途性质不同，来决定是否适用农产品追溯的法律规定，用于出售的农产品应该按照《农产品质量安全法》关于农产品追溯的规定，如实记载使用农业投入品的名称、来源、用法、用量和使用、停用的日期，动物疫病、植物病虫草害的发生和防治情况，收获、屠宰或者捕捞的日期等相关内容。

（二）统一各地关于追溯的规定

在中国部分省市制定的规章制度基础上，确立农产品追溯法律制度的总原则以及具体内容，统一各地关于追溯制度的法律规定。建立统一

---

❶ 刘坤．农产品质量安全管理立法的法理思考［J］．决策，2005（4）：47，103.

信息库，推进网络平台建设，便于全国区域内农产品流通过程中的追溯法律制度全过程覆盖。此外，可以在全国统一实施投入品备案许可制度。对种子、农药、肥料等投入品实施严格的准入备案许可制度，确保源头可控，以保证农产品的质量安全。实行严格的种植记录管理制度，每一劳作过程都需详细记录，在源头为消费者获得真实可靠的信息创造条件。加工是保障农产品质量安全的重要环节之一，农产品加工环节与其质量安全息息相关，应实行严格的加工管理制度。流通环节是农产品可追溯信息化平台的一个重要监管环节，为有效杜绝假冒伪劣产品，应实施严格的流通管理制度。

（三）加大处罚力度

2001 年，日本开始试行并推广农产品与食品的追踪系统，对加工流通情况进行关注，从食品原材料产地到餐桌的流通渠道进行跟踪。通过监督管理，明确供应链的各个阶段的责任者，保障消费者的安全❶。建议中国对违反法律规定的行为人加大处罚的力度。首先，应当提高《农产品质量安全法》第 47 条、第 48 条的处罚金额上限，加大违法成本。其次，应当在农产品质量安全法中增加相应条款，进一步明确农产品生产、加工、销售等各个阶段的主体的责任。再次，应当在《农产品质量安全法》中增加资格处罚，农产品生产企业、农产品合作社、农产品加工企业在违反农产品追溯规定时，可以撤销其生产资格，吊销营业执照。

（四）统一监管职责

2000 年 1 月，美国发表《食品安全白皮书》，把安全作为目标，要求所有食品成分具有可追溯性，把从田间到餐桌的过程管理原则纳入卫生政策，提升安全管理水平。美国建立有效的农产品追溯体系，管理部门职责明确。美国负责食品质量安全的主要管理机构包括食品医药管理局（FDA）、食品安全与检验署（FSIS）、动植物卫生检验署（APHIS）、环境保护署（EPA）。美国在农产品的生产和进口过程中，要求所有生产

❶ 徐成德. 发达国家农产品质量追溯的实践与借鉴［J］. 农产品加工·学刊，2009，9（184）：9-10.

企业必须按照FDA制度的规则进行生产，所有进口到美国的农产品必须经过FDA或美国农业部的登记，经检验合格的才允许进口。在种植环节推行良好的农业操作规范（GAP）管理体系，在加工环节推行良好生产操作规范（GMP）管理体系，无论哪个环节出现问题都可以追溯到责任者❶。

中国应当加强农业部门、工商部门、卫生部门和质检部门之间的协调，以促进农产品追溯管理工作。由于农产品质量重在抓源头监管，建议由农业部门承担农产品生产、运输、储备和市场流通质量安全监管工作，农产品生产及乡镇农贸市场的农产品质量安全由乡镇农业服务中心负责，农产品运输、物流储存由县级入境农产品检查机构负责，乡镇、城市定点牲畜屠宰场由商务部门管理调整为农业部门管理。国家在城市农产品批发市场、农贸市场集中地区增设农产品质量安全检测机构，该机构由县级农业部门统一管理。

（五）提高社会参与度

美国非常重视农产品质量安全的教育，为了保证消费者的知情权，将每年9月定为全国食品安全月，并且定期通过网络向消费者公开农产品的追溯信息。美国加强农产品安全追溯体系的建设，通过对消费者的宣传，提高消费者对农产品追溯体系和产品质量安全的认知。美国通过不断提高农产品加工企业、农业合作社和农民等追溯主体对追溯法律体系的认识，为农产品追溯体系培养载体。美国还扩大对农产品质量检测结果的宣传和公示，为农产品追溯体系的建设提供动力❷。

在以市场为导向的前提下，农产品追溯具有较为明显的公共性和外部性。中国应当通过不断增加政府对农产品质量追溯体系的补贴，来提高各个主体参与到农产品质量追溯体系的积极性。政府通过市场促进农产品生产企业加入农产品质量追溯体系。政府应当对农产品加工生产企

---

❶ 王芳，陈松，钱永忠．发达国家食品安全风险分析制度建立及特点分析［J］．中国牧业通讯，2009（1）：40-42.

❷ 周荣荣．美国农产品质量安全控制管理体系的考察与思考［J］．农业技术经济，2003（4）：60-63.

业、农业合作社、农产品批发市场和农户加入农产品追溯体系提供帮助，最终实现这些主体参与到农产品质量追溯体系中来，推进农产品追溯体系建设。政府应当通过媒体进行多方面全方位的公益宣传，促进消费者对农产品追溯体系的了解，从而提高他们参与的积极性。同时，利用行业协会积极引导农产品生产企业、农户、农产品加工企业积极参与，推广农产品追溯体系。行业协会具有相对于政府的独立性，不依赖政府命令而产生，具有自由性，实行自我管理，不受政府直接控制，接受政府的监督，是政府与会员企业之间连结和沟通的纽带，通过行业规则实行自律管理，是国家法律秩序的重要基础和有力补充，通过行业协会在企业中的影响力，能够让更多的农产品生产企业、加工企业、农户参与到农产品追溯体系之中，增加参与主体，提高社会参与度。

我国农产品地理标志保护及其问题与对策

学　　生　王祎梦
指导教师　董景山

摘　要：地理标志是一种重要的新型知识产权，同时农产品地理标志作为一种与农业相关的知识产权，对其进行保护具有着重要的现实意义。我国目前的地理标志保护主要有三个途径：国家工商总局系统对地理标志的商标保护、国家质检总局系统对地理标志产品的专门保护以及农业部的农产品地理标志保护。本文通过梳理我国目前农产品地理标志保护制度，思考保护中所存在的问题，并对农产品地理标志保护的制度提出一些建议。

关键词：农产品　地理标志　保护

前　言

近年来，农业部门开展了农产品地理标志示范创建、农交会专展、全国品牌价值评价、宣传片拍摄等众多宣传活动，农产品地理标志得以宣传和推广，其影响力不断扩展。农产品地理标志的有效保护能够使得农民收入增加，同时能够推动农业生产走向规模化、产业化，对保护农业产地环境和特色农产品资源有重要的意义。怎样获得农产品地理标志的保护，申请注册或是申请登记等都有哪些方式途径可选择，各种途径的具体差异，以及审查、监管等问题的探讨都具有一定的现实意义。

一、关于地理标志的相关概念

（一）国际上地理标志相关概念的渊源

“地理标志”一词的首次出现，可追溯到20世纪70年代，在有关知识产权的国际谈判中，被用来指代“货源标记”和“原产地名称”。《保护工业产权巴黎公约》(以下简称《巴黎公约》)的调整对象中,即包含有“货源标记”和“原产地名称”,❶ 但并未对其概念作出具体的规定。但是根据《制止商品产地虚假或欺骗性标记马德里协定》的第1条第1款,❷ 所谓的货源标记,是用以标作商品的产地,直接或间接地表明商品的原产地即可,例如“中国制造”。由此可见货源标记这一术语的界定范围十分宽泛,而原产地名称相较于货源标记则更为严格。《保护原产地名称及其国际注册里斯本协定》的第2条第1款中“原产地名称”这一概念被明确地界定,❸ 在国际条约层面上,“地理标志”这一概念在1994年的《与贸易有关的知识产权协定》(以下简称“TRIPS协定”)中被正式界定。不同体系下的法律文本对这些术语的界定也并不完全一致,鉴于地理标志术语使用中所呈现出的多样性特点,需分而论之,具体分析。

(二)我国立法中涉及的地理标志概念

各国对地理标志的保护模式都不尽相同,主要具有代表性的为:欧洲的专门法模式,美国的商标法模式以及德国、日本为代表的反不正当竞争法模式。各种模式也都必然存在优势及不足,或许是取各家之长,我国自1985年加入《巴黎公约》后开始地理标志的保护工作,经历30余年的发展,目前我国形成的是一种混合保护模式,即大杂烩般融合了多种模式于一体。

我国《商标法》对“地理标志”的概念进行了规定,国家工商行政管理总局商标局作为管理主体依据此法以及其他相关法规对地理标志进行保护,逐步形成了商标法保护模式。国家质量监督检验检疫总局在2005年通过的《地理标志产品保护规定》,其中也明确了所谓的“地理

---

❶ 参见《巴黎公约》第1条第2款:工业产权的保护对象有专利、实用新型、外观设计、商标、服务标记、厂商名称、货源标记或原产地名称和制止不正当竞争。

❷ 该款的规定为:凡带有虚假或欺骗性标志的商品,其标志系将本协定所适用的国家之一或其中一国的某地直接或间接地标作原产国或原产地的,上述各国应在进口时予以扣押。

❸ 该条的规定为:在本协定中,原产地名称系指一个国家,地区或地方的地理名称,用于指示一项产品来源于该地,其质量或特征完全或主要取决于地理环境,包括自然和人为因素。

标志产品”，这与《商标法》之规定在核心意义上是一致的。此外农业部在 2007 年通过的《农产品地理标志管理办法》对主管机构、登记程序等作出了具体的规定，由农业部据此对农产品地理标志这个部分进行专门保护。此外，《反不正当竞争法》《消费者权益保护法》《产品质量法》中都对商品的“产地”保护作出了相应规定。

虽然我国目前对地理标志的立法保护呈现多部门、多法规且各自为政的混合状态，但借鉴国际上的相关先例以及融合我国所加入的国际条约等，例如我国加入 WTO 后受 TRIPS 协定的影响对《商标法》作出修改，积极发展地理标志立法保护工作，也使法学层面上的研究前景空间十分广阔。

二、农产品地理标志的内涵

（一）农产品地理标志的概念

《农产品地理标志管理办法》作为一部专门规范农产品地理标志使用的部门规章，其第 2 条第 2 款[1]对相应的概念作了完整界定，该概念与地理标志的概念在实质内容上是一致的，仅仅是将产品限定为“农产品”而已。鉴于此，要分析农产品地理标志的相关问题，决不能仅仅围绕以农业部为主管机构而展开的专门针对农产品地理标志的保护活动，还须得结合其他两个主管部门的保护模式，即从整体大环境下抓住农产品类的特征。

（二）农产品地理标志的特征

1. 地理标志

《商标法》和《地理标志产品保护规定》对“地理标志”有关的概念作了界定，其特点突出产地、品质等与自然、人文因素紧密相关。而农产品地理标志作为“地理标志”这类知识产权项下的一个下位概念，首

[1] 该款的规定为：本办法所称农产品地理标志，是指标示农产品来源于特定地域，产品品质和相关特征主要取决于自然生态环境和历史人文因素，并以地域名称冠名的特有农产品标志。

先必须具备的特征即为地理标志所具有的。作为TRIPS协定主要知识产权类型❶之一的地理标志，有学者总结其主要特征有："权利的共享性、权利转让的限制性和权力相对的永久性"❷。当然这是从知识产权角度出发分析地理标志作为一项权利所具备的特征。而从地理标志本身来看，其特征正是概念中强调的"自然因素、人文因素"，是经历自然社会和人类社会文明长久积淀形成的，是完全不同于个人或集体依靠智力、科技等所作出的发明、创造、创作。也因此地理标志权属存在共享性，地理标志不属于个人所有，也不属于国家所有，而是区域内集体所有，以集体商标、证明商标的形式获得保护；也因其独特的形成因素，使得地理标志权利具有永久性。一般情况下自然和人文因素是较难发生转变的，同时这种变化又是时时刻刻的，但其最终发生质变所需周期较长，因而导致其具有相对永久性。

2. 农产品地理标志

从地理标志的特征来看农产品地理标志的特征就较为清晰了。首先最为重要的一点，即与农业相关的一项知识产权。农产品主要受气候、土壤、水源、环境等自然地理因素的影响深远，而人文因素对其影响力较小，这是农产品地理标志区别于其他类型地理标志的一大特色。"因地制宜"就是这个道理，正所谓"南橘北枳"，各地自然地理因素不同，从根本上导致了农产品在品质、生产方式等方面的差异。已有学者总结其特征为：独特的品质，特定的区域范围内生产中，具备一定的生产规模总量。❸ 抓住特征才好"对症下药"，认识其特征便于更好地保护农产品地理标志。

---

❶ TRIPS协定涉及的知识产权共有八个方面：著作权及其相关权利、商标、地理标记、工业品外观设计、专利、集成电路布图设计、对未公开信息的保权和对许可合同中限制竞争行为的控制。

❷ 方兴顺. TRIPS协定下地理标志保护的法律问题研究［D］. 上海：华东政法大学博士学位论文，2010.

❸ 修晓蓉. 浅析农产品地理标志［J］. 经济研究导刊，2012（23）.

三、农产品地理标志保护的意义与途径

我国国土面积辽阔，自然条件优渥，南北以及东西的地理差异都极其显著，而且历史文化悠久，地理标志资源极为丰富。我国作为一个农业大国，农业、农民、农村的“三农”发展问题十分重要，而农产品地理标志作为与农业紧密相关的一项特殊知识产权，对国内“三农”问题以及农产品国际贸易的影响都极为深远，有必要对农产品地理标志的申请登记或注册等申请保护的现状进行分析。

（一）农产品地理标志保护的现实意义

1. 提升农产品市场竞争力

随着我国加入世界贸易组织，以及国际上经济全球化、贸易自由化的深入发展，农产品地理标志议题已成为中欧、中美、WTO等双边、多边农业交流合作和知识产权保护的重要内容，相关协议、谈判、磋商等工作日益密切。农业经济发展，农业领域知识产权亟需保护，对农产品地理标志进行保护，也是推动农业的规模化生产经营、区域内特色代表性产业发展的重要措施。《农产品地理标志管理办法》的制定目的即“为规范农产品地理标志的使用，保证地理标志农产品的品质和特色，提升农产品市场竞争力……”，如何保证其品质、特色，如何提升市场竞争力，这也是农产品产业发展时刻面临的问题。在农业必然转型的时代背景推动下，正确保护农业知识产权是争取市场竞争力的强大软实力保障。

2. 促进农业品牌建设

对农产品地理标志进行保护，即给特色农业的发展甚至于农业现代化转型指出了一条便捷之路，有利于合理利用自然资源和人文资源，利用本地特色农耕文明，打造区域品牌。农产品地理标志是重要的农业区域公用品牌，也是国际公认的知识产权。加强农产品地理标志登记保护，对于打造农业品牌、满足特色消费、促进农业增效、农民增收和加快区域经济发展具有重要意义。区域品牌总体表现形式是“地区名称＋优势

产业”，且以集体商标或地理标志的形式加以具体表现。❶ 要应对国内外的市场竞争，就要摆脱农产品因为品牌小而杂、混乱、消费者认知度不高、产品品质不稳定而导致的产品整体形象受损的困境，获得农产品地理标志的保护，发展知识农业，促进农业现代化转型。

（二）申请保护的途径及程序

我国农产品地理标志的保护主要有三个途径，接下来将横向的分别来了解这三种途径的具体规定。

1. 以地理标志作为集体商标、证明商标注册

即商标保护制度，符合申请人资质的可以向国家工商行政管理总局提交申请材料。由于《商标法》未作出具体规定，国家工商行政管理总局在 2003 年通过《集体商标、证明商标注册和管理办法》，第 4 条第 2 款❷明确了地理标志商标申请人必须具备两个要件：一必须来自标志的区域内，二必须是团体、协会或者其他组织。同时该办法第 4 条、第 6 条规定了申请人应当附送和说明的文件有：①主体资格文件；②管辖所标志地区的行政机关的批准文件；③为证明申请人具有监督的能力，以保证使用该地理标志商品的特定品质，须详细说明其所具备的专业技术人员和专业检测设备等情况。此外还对商标的使用、转让或转移作了规定。

申请注册的程序依据《商标法》：国内申请人或商标代理机构向商标局提交申请文件，商标局自收到之日起九个月内完成形式审查和实质审查，并对符合要求的申请作出初步审定公告，公告期三个月内没有被提出异议的则核准注册并公告。依照此程序时限完整计算则最快一年才可注册成功，并且其间任何一步程序中发生不符要求、异议或争议的，都将导致申请注册耗费的时间更久，甚至最终注册申请以失败告终。而注册成功后，同样依据《商标法》规定，注册商标有 10 年的有效期，到期

---

❶ 郑秋锦，许安心，田建春. 农产品区域品牌战略研究 [J]. 科技和产业，2007 (11).

❷ 该款的规定为：申请以地理标志作为集体商标注册的团体、协会或者其他组织，应当由来自该地理标志标示的地区范围内的成员组成。

续展的每次有效期仍是 10 年。通过此途径获得地理标志保护的商品包装上使用专用标志（见图 1）。通过这一途径，申请人获得了商标专用权，但是集体商标不得许可非集体成员使用，具有排他性。

图 1　地理标志商标

2. 地理标志产品保护

国家质量监督检验检疫总局虽然与商标局同为行政机构，但各自的保护模式不同，国家质检总局侧重对产品专门保护，并遵循申请自愿，受理及批准公开的原则。《地理标志产品保护规定》第 2 条明确了地理标志产品包括：种植、养殖的以及按照特定工艺生产和加工的产品，并要求原料来源地或产品生产地是本区。该规定要求申请人应是专门申请机构、协会和企业，但都必须是被政府指定或认定的。由此可见，申请人的资格要求比商标注册的规定更加严格，须经行政机构指定或认定，虽然如此一来有利于保证申请人资质，但主导权控制在政府手中，申请人基本等同于政府指定。

申请地理标志产品保护的程序：国家质检总局对收到的申请进行形式审查，合格的将发布受理公告，公告期为两个月，公告期满无异议或有异议但未被驳回的申请，则由相应的专家审查委员会进行技术审查合格后，作出批准并发布公告。在获得产品保护的标志（见图 2）后，使用、保护和监督过程中，均有相应的行政机关负责，未按照所制订的产品标准或管理规范组织生产的地理标志产品生产者，将被注销登记、停止使用专用标志；若获准的生产者两年内都没有在受保护的产品上使用专用标志，也将丧失专用标志的使用资格并对外公告。通过这一途径获得的保护，即将地理标志作为公权进行管理，并不具备排他性。

图 2　国家地理标志保护产品专用标志

3. 申请农产品地理标志登记

前两种途径的保护对象范围均为所有的地理标志产品，然而农业部则仅针对农产品，更符合专门保护的模式。此种保护要求，登记申请人须：一是农民专业合作经济组织、行业协会等组织；二是该组织须为县级以上地方人民政府择优确定的。择优确定的依据有三个方面：第一，监督、管理农产品地理标志和其产品的能力如何；第二，是否拥有为生产等经营环节提供良好指导的能力；第三，能否独立地承担民事责任。

登记的程序❶：先由省级农业行政主管部门在接到申请材料之后的45个工作日内完成初审，再由农产品质量安全中心在20个工作日内提出审查的意见并且组织专家进行评审，并对社会公示20日，公示无异议的由农业部作出登记决定并公告。可见依此程序进行申请农产品地理标志登记，需要近四个月的时间。此种保护长期有效，使用者在其产品上使用公共标识（见图3）。使用人与登记证书持有人之间是合同关系，双方按照生产经营年度签订使用协议，约定使用的数量、使用范围、责任义务等内容，同时规定了不得产生使用费。而此种保护途径下的监督管理是由县级以上农业主管部门和生产经营者共同承担：农业行政主管部门采取定期监督检查的形式；并由登记证书持有人和使用人负责地理标志农产品的质量、信誉，建立质量控制追溯体系。公权力干预程度低就更加需要行业自律，区域品牌的公共性存在着利益共享性和产权模糊性的特点，明确标识使用人和登记证书持有人各自的权利与义务，避免公

❶ 参见《农产品地理标志管理办法》第二章第10条至第12条的具体规定。

地悲剧论现象的产生，最终造成品牌形象受损，保护效果大打折扣。

图 3　农产品地理标志公共标识

四、农产品地理标志保护的困境

近年来通过国内和国际经济的交流与发展，我国对知识产权领域更加重视，农业生产经营者对农业知识产权的保护意识逐步得到提升，法律及部门规章都在不断地完善，全国各级农产品地理标志工作机构、检测机构、专家委员、核查员等体系队伍逐步建立健全。据资料显示，截止 2016 年：已登记农产品地理标志 1895 个，覆盖所有省、自治区和直辖市，经全国资源普查，备案地域特色产品名录 6839 个，[1] 截至 2015 年 12 月，国家工商总局的数据显示，已注册地理标志 2984 件（其中法国、意大利为主的外国申请注册共有 80 件，包括台湾在内的中国本土注册为 2904 件），[2] 可见在申请保护的地理标志中，农产品地理标志占据很大比重。但鉴于我国农业大国的地位，农产品资源丰富，千余件的申请保护数量依然太少。

（一）申请人资格的限定条件

申请人作为拥有该项知识产权的权利人，谁有资格成为农产品地理标志的拥有者，这个身份的归属极其重要。经上文对三个途径的横向对

---

❶ 2016 年全国知识产权宣传周农产品地理标志现场活动在北京举办 [EB/OL]. http：//www. aqsc. gov. cn/zhxx/xwzx/201604/t20160426 _ 168961. htm，2016-04-29.

❷ 数据来源：国家工商行政管理总局商标局，国家工商总局门户网站发布于 2016 年 1 月 12 日。

比，以商标注册时要求申请人是来自标志地区内的组织，虽不受行政机关的指定但需提供政府机关开具的批准文件；以地理标志产品申请时则要求申请人必须是行政机关确定的组织；而向农业部申请登记保护时申请人则须为行政机关依照条件择优确定的方可。三部门对申请人资格的限定条件强弱不一，受公权力的影响程度不一。总体来说，满足申请人的资格，不可避免地需要获得地理标志所标示地区行政机关的认可，仅在向相关单位提交正式的申请材料前，证明具有申请人资格就已经涉及了多部门，限定条件太过复杂，且资格的限定标准最终归于行政机关的自由裁量，同时主要的申请群体是农民，整体的知识水平程度不高，这使获得地理标志保护的第一步就被增加了相当大的变数。

（二）申请耗费的成本

以商标注册需一年左右，向农业部申请登记保护则需要大约四个月，但是申请的耗费时间之久却很难能够与最终结果呈正向关系，因此最终获得登记、注册的成功率直接影响到申请人对申请保护所需时间、人力等成本的考量。申请程序过于繁琐，且每一种途径下的审核标准都极其复杂，在几个月甚至长达一年的申请过程中，随时可能面临着夭折。同时这三个平行的保护方式又各自有一套标准，❶ 各部门发布的规范文件法律位阶较低，且不同地区的行政机构根据地域实际情况制定出更为详尽但影响力不足、法律效力有限的规范，牵一发而动全身，上位法的修改、制定都将会导致诸多变化，使得申请保护难度居高不下。

（三）保护途径众多导致的困局

行业协会或相关组织启动申请地理标志保护的工程时，最先需要考虑的便是以何种途径进行申请，不仅估算三种途径的申请所需耗费的成本，还需要预计申请保护获准后所能够带来的回报：一是向商标局提请作为商标进行注册，则私权性较强，具有排他性，而保护期限为 10 年；二是向国家质检总局申请地理标志产品保护，则整个程序处于公权力之

❶ 姜德娟，隋文香．我国农产品地理标志使用与管理中的问题及对策［J］．中国集体经济，2012（21）．

下，完全由政府主导，且偏重于对产品的保护而非对地理标志；三是向农业部申请农产品地理标志登记，则登记保护为永久有效，且申请保护的时间成本较低，虽然是申请农产品地理标志保护的最优之选，但其依据的法律位阶过低，稳定性不强，法律效力也极容易受到限制，这也影响到申请人的选择。且三部门之间并非互相协调，而是各自为政，对于生产经营者来说，是否需要为一种农产品地理标志分别在三部门均取得保护，也是问题。

站在申请人的角度思考，怎样的保护途径才是合适的，是否适合市场环境，能否带来预期经济效益，是否利于组织内部的可持续发展以及区域品牌建设的推动，以及获准后的监督管理模式如何，是否有益于农产品地理标志的保护等。种种问题考量之后，加之农民对知识产权保护的意识不强，大多仅注重考虑产品质量与经济收益之间的关系，看重农产品产出与回报，面对如此复杂的农产品地理标志申请，望而却步的选择也多有发生。

（四）保护的标志差异

三个部门对地理标志的保护分别采用不同的标志，这也是保护途径众多且各部门不协调一致的表现，标志的差异对申请者和生产经营者影响不明显，但是标志却是消费者对产品最为直观的印象。同一个知识产权却有众多的保护标志，使得消费者对该知识产权的保护标志难以产生集中印象，导致其不易于被区分，间接降低地理标志产品在消费者中的影响力。如果制成统一标志，则凸显性更强，更容易抓住消费者眼球，加深消费群体对地理标志的认知和熟识，产生良性循环，在消费群体中建立起强大的公信力标志，有利于推动申请地理标志保护所带来经济效益的增长。

（五）对申请保护的农产品品种限制

前两种申请保护途径针对地理标志，因此对可以申请的农产品种类并未作具体限制，而农业部《农产品地理标志管理办法》指明其所谓的农产品是农业的初级产品，❶ 此外《农产品地理标志登记保护目录》又对此作了更为详尽的规定：种植业、畜牧业、渔业产品三大项及项下一共 22 个类别的农产品。

这样的目录规定，虽说有利于农业部登记保护管理的规范性，但也限制了农产品生产者申请保护的途径。例如目录中蔬菜一类规定“各种经排气密封的蔬菜罐头除外”，如果某一种蔬菜，经过晾晒、包装、冷藏等工序加工，获得了农业部的农产品地理标志登记，但密封罐头的同种蔬菜却不能向农业部提交保护申请，是否罐头蔬菜的生产者只能转而为罐头工艺下的蔬菜申请商标保护或地理标志产品保护？或是根本无从申请，无法获得地理标志这一知识产权的保护？当然这样的限制，旨在明确可以申请的农产品只能为农业的初级产品，但使笔者不禁感到困惑，非初级农产品为何不能获得“农产品地理标志”的登记。另外，当某一农业品种，其经初加工获得农产品地理标志保护，而经过深加工后获得注册商标或者地理标志产品的保护，三种不同的标志分别由不同的申请人持有，市场上将出现多种产地一致、品牌关键词相类似的商品，消费者容易产生混淆。这变相使得依托农产品地理标志建立的区域品牌战略被冲垮，品牌相似且杂乱，聚集力量被分散，导致难以开拓市场，不利于农产品地理标志的保护，也无益于农业经济。

五、完善我国农产品地理标志保护制度的建议

（一）制定统一的保护标准

在三个主管部门之间建立起一种协同的工作模式，相互之间在申请人资格等多方面形成互补而非重叠或对抗的关系，制定统一的保护标准。该标准体系应参考三个部门各自保护模式的优势，集众长于一体。例如为农产品生产加工的工序，依照生产线的长度划分等级标准，一级为最简单直接的采摘、不经加工即作为商品售卖，二级为简单进行保鲜冷藏

❶ 《农产品地理标志管理办法》第 2 条规定：本办法所称农产品是指来源于农业的初级产品，即在农业活动中获得的植物、动物、微生物及其产品。

或密封等工艺包装后售卖的农产品等，五级或更高的级别为以该农产品为主要原料进行深加工制成的农副产品等。类似这样的，不是所谓保护名录，而是由专门人员对与农产品相关的商品进行科学的等级划分后，再由三个部门共同参照这个等级标准选择各自的保护范围。农业部保护的范围较小，商标局最宽泛，则可以明确规定农业部的地理标志保护对象为符合一级、二级的，国家质检总局保护的地理标志产品为符合一级、二级、三级及四级的产品，而商标局对符合全部等级的商品均予以商标注册的保护。这样虽然仍为三头并进，但对于申请人来说能够十分便捷地对号入座。

当然这只是一个方面的标准，还可以制定统一的农产品地理标志审核标准，依然要由三个部门共同执行。审核申请的程序可以因为部门工作的差异而有所不同，但可以获得保护的标准尺度却必须做到统一，否则三部门各有标准就会导致法规政策的漏洞，❶ 争夺商标、恶意登记、抢注等不良行为会造成区域农产品品牌乱象，使得市场混乱。长远来看，不利于农产品地理标志的保护，对于农业经济发展更是毫无益处。

（二）规范保护的认证标志

采用标志的突出目的是：以明显的图标区别于其他产品，既是一种对产品独特性、品质优良的保证，又能够便于获得消费者信任，扩展市场知名度。然而现况是地理标志领域有三枚标志共存，标志虽小，意义却很重大。但是要规范标志，却很难实现，首先三个部门所作出的保护类型不同，类型不同则采用统一的标志是否具有可行性还不能确定。其次如果三部门通过不同的模式而最终授予相同的标志，产品后续的质量监督等如何实现，当然可以将监督责任划归到一个独立的机构，由其进行专门的监督，但这样会使得整个地理标志保护体系涉及的机构更加冗杂。由标志难以统一这点即可窥见：我国地理标志保护体系面临的复杂困境。想要规范标志，必然先要解决三部门的协同问题，为长远计，笔

---

❶ 尚旭东，李秉龙．我国农产品地理标志发展运行特征、趋势与问题——基于农业部、质检总局、工商总局的分析［J］．生态经济，2013（4）．

者认为最佳的还是建立专门的地理标志保护机构，制定法律位阶较高的专门法律，建立起专门的保护体系，相应地形成一条线下的申请、监督程序，而统一标志的使用亦即自然而然适用于保护体系。

（三）建立专门的法律体系

保护农产品地理标志的法律体系，除了《商标法》的法律位阶较高之外，其他基本是相关的法规及部门规章，而且各级地方政府又根据本地域特色制定了众多的地方规章，导致上下级之间的冲突经常发生。三个部门之间的规定更是大有不同，这对农产品地理标志的保护并无大益处：对申请人资格的限定条件不同、申请的程序耗费成本差异大、使用的认证标志不同等都使得保护现状十分混乱。试问，如果据以实施保护的法律、规章等都种类繁多且效力冲突，以子之矛攻子之盾，那么法的价值将如何实现。但是建立起专门的法律体系之后，上述问题也就随之迎刃而解。❶ 作为一种具有独特性的知识产权，农产品地理标志的地位也值得专门对待。制定专门法，能够有力地规范程序以及监管问题的归属，责任的划分更加明确，避免现在多部门为主管的资源浪费困境。

（四）设立专门的保护机构

在目前的混合保护模式下，各自独立的三种途径不仅没有使保护制度更完善，反而是导致保护困境的一大重要因素。前面所提出的第一点建议是在三部门体系下的暂时性举措，并不能根本化解保护的困境；第二点建议规范保护的认证标志在当前的体系下难以实现，也从侧面表明建立专门的保护体系十分必要。建立专门的保护体系，除了制定较高位阶的专门法律作为支撑之外，需要相应地设立专门的机构。❷ 类似于单独设立知识产权法庭一般，对于影响力十分重大的权属给予与其地位相一致的特殊形式保护，因而设立专门的地理标志保护机构具有现实必要性。建立专门的保护体系，将地理标志的保护工作单划出来交由专门的

---

❶ 李纪生，陈超．农产品地理标志产权属性及保护模式的探讨［J］．科技管理研究，2010（15）．

❷ 杨辉．完善我国地理标志保护的法律对策［J］．中国标准导报，2012（3）．

机构负责，首先，能够有效地避免目前三个部门在某些部分的交错或盲点领域，化解相互之间的不协调性；其次，也便于降低申请所耗费的成本，简化行政程序；最后，方便后续的监管，有利于质量监督和责任追查。

（五）发挥行业协会的辅助功能

虽然当前的农产品地理标志保护体系是以政府为主导，但是行业协会等组织的辅助功能也不可或缺。农产品的生产经营者主要是农民群体，对现代先进知识接受较慢，技术和市场更新的信息获取速度也较慢。行业协会拥有着比农民、政府机构更为专业的行业知识、技术等，行业协会内部的各企业、生产者之间共同制定的规章，更符合该行业的发展，而且其灵活性较强，受市场波动、技术革新等多种因素影响时可以及时地作出调整。如果能够严格地建设行业协会，推动行业协会的有序发展，那么将极大地促进该行业的健康发展，产品的区域品牌越做越大。❶ 行业足够自律会使得政府的监督毫无用武之地，农产品地理标志的集体性、共有性也更加强调行业自律的重要。同时，行业协会作为政府与生产经营者之间的纽带，其与主管的政府部门之间协同一致，监管部门可以有效地采纳行业协会的管理章程等从而因地制宜地进行管理，重视区域内行业协会等组织的发展，促使其辅助保护地理标志的功能完全地发挥。自我监管的功能得以最大化发挥时，整个区域品牌也将获得整体聚合的经济效益。

结　论

针对农产品地理标志保护的申请注册、申请登记以及监管等问题，本文展开具体的讨论，分析在我国申请保护的三种模式下各种途径的具体步骤及差异，从而认识到申请人在申请保护过程中的困境及问题并提出一些浅薄建议。从长远来看，我国还是应该建立起专门的地理标志保

---

❶ 李纪生，陈超．农产品地理标志产权属性及保护模式的探讨［J］．科技管理研究，2010（15）．

护体系，从根治理当前三个部门并行的混论局面后，才能更好地对农产品地理标志这一独特的农业知识产权以保护。

参考文献

[1] 方兴顺．TRIPS协定下地理标志保护的法律问题研究［D］．上海：华东政法大学博士学位论文，2010.

[2] 修晓蓉．浅析农产品地理标志［J］．经济研究导刊，2012（23）.

[3] 郑秋锦，许安心，田建春．农产品区域品牌战略研究［J］．科技和产业，2007（11）.

[4] 姜德娟，隋文香．我国农产品地理标志使用与管理中的问题及对策［J］．中国集体经济，2012（21）.

[5] 尚旭东，李秉龙．我国农产品地理标志发展运行特征、趋势与问题——基于农业部、质检总局、工商总局的分析［J］．生态经济，2013（4）.

[6] 祁世梅．"库尔勒香梨"区域品牌战略研究［D］．乌鲁木齐：新疆农业大学硕士学位论文，2014（6）.

[7] 于淼，王小鹤，鲁明．我国农产品地理标志保护制度的思考［J］．农业科技与装备，2014（7）.

[8] 杨辉．完善我国地理标志保护的法律对策［J］．中国标准导报，2012（3）.

[9] 董景山．农产品地理标志保护现状考察与问题分析——以北京地区实证调研为基础［J］．科技与法律，2011.

[10] 杨鹏程，周应恒．农产品地理标志的声誉衰退及治理策略［J］．三农问题，2014.

[11] 付冠男．特色农产品地理标志法律保护体系的构建［J］．长沙大学学报，2013（7）.

[12] 杨丽芳．宁夏农产品地理标志地方立法保护问题研究［D］．西安：陕西师范大学硕士学位论文，2014（5）.

[13] 刘亚军．完善我国地理标志法律保护实证分析［J］．当代法学，2004（3）.

[14] 程鸿飞．地理标志认证提升农产品品质［J］．农民日报，2011（6）.

[15] 李纪生，陈超．农产品地理标志产权属性及保护模式的探讨［J］．科技管理研究，2010（15）.

[16] 李玲玲．中国农业知识产权绩效研究［D］．武汉：华中农业大学博士学位论文，2015（6）.

转基因食品标识法律制度研究

学　　生　彭丽颖

指导教师　佟占军

摘　要： 转基因食品是高科技技术下的产物，消费者对转基因食品的安全性一直抱有怀疑的态度。转基因食品标识制度的不完善导致消费者知情权受到了侵害。本文通过研究转基因食品标识与消费者知情权的关系，阐述了消费者与转基因食品的生产者信息不对称以及转基因食品的潜在危害性，发现转基因食品标识制度中存在着标识规格不明确、标识对象和内容不全面以及转基因标识监管主体不明确等问题。笔者翻阅文献，学习美国、欧盟和日本的转基因食品标识制度，研究自愿标识、强制标识和混合标识制度的优势，结合对我国转基因食品标识与消费者、生产者和经营者之间的利益冲突之研究结果，对转基因食品标识制度提出完善标示种类、明确标识内容和对象、确定监管主体及职责和明确法律责任等建议。

关键词： 转基因食品　标识　消费者知情权

前　言

在当今时代，转基因技术发展迅速，已然能够实现不同物种间进行基因交叉转移，从而获得新的性状以满足人类各方面需求，解决人类的温饱，继而解决人类生存的问题。但是转基因食品对人类的健康也蕴含了很多未知的风险。到目前为止，还没有明确的科学性证据表明它会危及人体健康，也没有足够的科学依据可以保证它未来不会造成危害人体健康的后果。因此消费者有权对转基因食品的安全性提出质疑，并在购买时行使权利以维护自身合法利益。转基因食品的潜在危害性所引发的法律纠纷不在少数，2003年的雀巢事件、孟山都除草剂事件等，追根溯源，均是由于生产者、经营者剥夺了消费者的知情权。消费者知情权在《消费者权益保护法》中是保障消费者权益的基础性权利，是其他消费者权利实现的前提和保障。在转基因食品销售中，标识不清是导致法律问题的主要原因之一，消费者有权要求生产者、经营者对其生产销售的商品或服务信息予以公开，从而使消费者能最大限度地维护自身利益——买得安心，吃得放心。

笔者认为，若要合理地使用转基因技术，使转基因食品在不侵犯人类合法权益的前提下服务人类，研究关于转基因食品的标识问题就显得尤为重要，这其实也是推进转基因产品走向国际舞台的必经之路。

一、转基因食品与标识概述

（一）转基因食品概述

1. 转基因食品

因为各国对转基因食品研究的程度不同，所以目前对转基因食品还没有统一定义。单从“转基因食品”这五个字来看，可以解释为含有转基因成分的食品。但是对于“含有转基因成分”这一方面，不同国家有着不同理解。

美国对转基因食品的理解以转基因成分含量多少为主。转基因食品中的转基因成分高于5%，则认为是转基因食品，低于5%，则可以贴加“非转基因食品”的标签。所以我们可以理解为美国认为即使某种食品来源于转基因生物或者含有转基因成分，只有成分达到法律规定的比例，才认定为转基因食品。

欧盟对转基因食品的认定是：“含有转基因生物或其成分的食品，或者由转基因生物或其成分生产的食品。”[1] 也就是说，欧盟认为不管食品能否检测出转基因成分，只要在制作过程中利用转基因生物或者转基因

---

[1] 付文佚．转基因食品标识的比较法研究［M］．昆明：云南人民出版社，2011：205-210.

原料，就强制认定为是转基因食品。

我国学者一般对转基因食品定义为：“运用基因工程技术在目标生物体中引入一种或几种其他生物的基因，通过基因的表达得到相应的产物（多肽或蛋白质），这个过程就成为转基因。转基因食品即是以转基因生物为原料的食品。”❶ 我们可以看出，我国对转基因食品的定义和认知与欧盟相似，一旦使用了转基因技术或者转基因原料，即使不能检测出成分，也认定为转基因食品。

转基因食品作为高科技食品，与传统食品的原料和生产方法不同，但与非转基因食品在物理外观上并无区别，多数消费者若要得知购买的商品是否是转基因食品，只能通过高科技特殊仪器检测其成分，其中含有转基因成分则是转基因食品。

2. 转基因食品的发展现状

全球对转基因技术的发展越来越重视，根据国际农业生物技术应用服务组织统计的数据可以看出，1994～2014 年，一共有 65 个国家批准转基因作物的进口或生产种植，其中包括 27 种转基因作物、357 个转化体。在这 65 个国家中，日本批准了 201 个转化体，位居世界第一；美国批注了 171 个转化体，位居第二；欧盟批准 73 个转化体，位居第九；中国则批准了 55 个转化体，位居第十二。据统计，截至 2014 年，全球有 28 个国家种植转基因作物，农户人数达到 1800 万，种植面积达到 27 亿亩。近 20 年间，种植转基因作物为人类发展起到了不可替代的作用，且在种植期间降低了 37％的化学农药使用率，提高了 22％的作物产量，而且农民利润增加 68％。❷

从总体来说转基因食品的生产保障了粮食产量，提高了农民收入，对全球农业的可持续性发展做出了贡献。我国党中央、国务院也认识到转基因技术的重要性，将此技术作为国家的重要战略。

---

❶ 唐德强．转基因食品的发展概况及其安全性［J］．食品研究与开发，2004（1）：93-95.

❷ 徐琳杰．科学视角下的转基因技术认知和发展［J］．生物工程杂志，2015（36）：30-34.

（二）转基因食品标识概述

1. 转基因食品标识

转基因食品标识是在食品外包装上的标注说明该食品是转基因食品或者含有转基因成分的加工食品，以国家认定的权威机构的检测结果为基础，在标签上标注转基因成分、毒性与过敏源的检测结果、营养成分的清单等，保障消费者能够根据标签来辨认转基因食品和传统食品。

2. 转基因食品标识与消费者知情权的关系

消费者知情权一般情况下是指消费者在消费过程中对所消费的商品有真实了解的权利。《消费者权益保护法》规定，首先，经营者应当严格依据法律法规标记说明产品的真实状况；其次，消费者在对商品进行购买、使用时，可以行使咨询权利。生产者和经营者应当履行自身的告知义务。消费者知情权是保障消费者权益的基础权利，转基因食品标识则是保护消费者知情权的重要要件。消费者在购物时，对商品的基本信息了解程度取决于商品外包装的标识内容，内容越详细，消费者了解的越全面。目前转基因食品的潜在危害性还不能得到科学证明，在食品安全不能确定的情况下，对转基因食品进行标识可以让消费者在知情的情况下有选择的空间，从而做到保障消费者知情权。

（三）转基因食品标识的必要性

1. 消费者与生产者、经营者信息不对称

在交易环节，消费者与生产者、经营者相比，处于弱势地位，处于被动状态的一方与经营者的利益分配很不均衡。虽然不合格的产品或者服务造成消费者深受其害的事件屡见不鲜，但至今为止消费者受侵害的案例都被视为个案，导致消费者被侵害这一现象尚未形成社会问题，未得到广大群众关注与重视。随着科学技术的不断发展，技术的变化与更替导致商品的复杂性与危险性也随之增加，消费者可能受到的伤害也越来越多。而且一般消费者因缺乏专业技术与知识，根本无法辨别自己购买的商品优劣以及价格是否合理，更难判断商品的功能是否符合自己需求以及是否危害自身安全，消费者获得商品信息的渠道完全依赖于生产者和经营者，这样的情况下导致消费者在交易过程中处于极其不利的地位。

转基因食品在问世之初，大家都觉得这是科学技术的新突破，是食品的新时代的到来，甚至认为是未来人类生存的主流商品。然而随着时间的渐进，出现了预期之外的情况，越来越多的人怀疑转基因食品是危害人类生命安全的危险之物。且现代科学技术下，所生产或发明的转基因食品是否对人类身体健康有害，短时期内并不能普遍地判别出来。在当今社会中，人们的生活品质越来越高，在购物时追求商品的进步与创新，还不能太贵，在这样的情况下，消费者也不得不承担新型商品可能造成的某种程度侵害的风险。

2. 转基因食品潜在危害的不确定性

随着大家对转基因食品的争议越来越大，科学界一直致力于求证转基因食品的安全性，但是至今仍无明确定论；学术界对这个问题的争议也越来越激烈，一方认为转基因食品与传统食品没有区别，另一方则认为因为转基因技术的不成熟，导致转基因食品可能会对人的身体产生预想不到的影响，例如：致敏性、致毒性等。基因对人类生存有着重大影响，所以对转基因食品的安全性必须保持高度的重视，在安全性认定时也是慎之又慎，可能多少年也不能确定转基因食品是真正安全的。

基因工程使用不当所造成的危险是不可逆的，必须防患于未然。目前针对转基因食品的研究表明，其潜在危害包括：食物可能产生新毒素和过敏原；抗除草剂的杂草会横生；农作物使用的农药以及添加剂可能导致水和食物的污染；可能导致农作物的生物多样化紊乱，生态失去平衡；因基因的交叉重组可能导致疾病跨越物种障碍的散播。

国外在研究转基因食品过程中，做了很多实验以求证转基因食品所带来的影响。例如：不可预见的基因突变，可能会导致食品中产生未知的新型毒素。国外曾经做过实验，实验者在马利筋叶片上撒转基因 Bt 玉米花粉后，普累克西普斑蝶食用叶片就产生了叶片减少，生长缓慢的现象。而对照组没有撒花粉的叶片正常生长，没有其他影响。根据这个实验，我们可以看出转基因作物在一定情况下会产生某种新型毒素，可以从根部开始发散，渗透到周围。

巴西坚果的基因对黄豆的过敏性实验，证明了巴西坚果产生过敏的主体的基因会影响基因工程所得的大豆，从而对人体产生过敏性现象。如果把巴西胡桃的特性基因移植到黄豆上去，以追求黄豆能够有巴西胡桃的性质，但是转基因技术的不确定性导致胡桃过敏的人群在食用这种黄豆时有过敏的可能。

二、我国转基因食品标识制度存在的问题

在我国市场中，转基因食品的种类和数量在市场中呈上升的趋势，在消费者不知情的情况下，转基因食品早已经成为人们消费的一部分。转基因食品标识存在如下问题。

（一）未明确规定转基因食品标识规格

我国针对转基因食品的相关规定，还存在着相当大的漏洞，例如没有明确规定转基因食品标识的规格，例如颜色、字体、大小、标注位置等。正因为没有明确的标准和要求，生产者根据自身实际情况，在保证自身利益最大化的情况下设立标识，导致标识不明显、不明确，使消费者无法察觉。笔者从相关的调查数据中发现，“从没听说过转基因食品”的消费者的数量占到访问对象总数的31%，“不确定自己是否购买过转基因食品”的消费者数量占访问对象总数的37%，“不知道我国关于转基因食品强制标识的相关规定”的消费者数量占访问对象总数的45%。[1]以市面上的食用油标识为例，大豆油、菜籽油的外包装上多标有“转基因”标识，玉米油、花生油的外包装上则有标有“非转基因”，调和油则将两种标识都印在外包装上。根据这样的现象分析，标识规格不统一、标识不鲜明，导致消费者无法从标识中确定自己购买的食品是否来源于转基因作物。从这样的现象中我们可以看出，现行法律中尚未健全转基因食品标识的外形标准，消费者在销售中又是处于弱势的群体，对购买商品的认知和了解只能通过商品的包装以及相关的标识进行辨别确认，消费者无法对商品有明确的认识，也无法分辨该食品的所含成分是否还

[1] 王广印，韩世栋，等．转基因食品的安全性与标识管理［J］．世界农业，2008（29）：667-673.

有转基因产品，导致消费者知情权频繁受到侵害。

（二）标识对象以及标识内容太少

目前市场中的转基因食品标识很少，消费者无法从食品标识中获知有关转基因食品的足够信息。以《农业转基因生物标识管理办法》第6条规定的方法进行标识，文字有限，表达不全，既不能使消费者了解其含义，对消费者知情权不能起到作用。消费者无法从商品外包装上的标识中获知转基因成分的比例、特殊的营养成分等基本信息，也不能得知该转基因食品的检测机构是否权威。且在现行法律规定中，对农业转基因生物的下游产品没有相关的明确要求。根据相关调查数据显示，标识缺乏最严重的是用转基因大豆直接生产加工的豆腐、豆奶粉、豆腐干等豆制品，这些商品的外包装上是没有任何转基因食品标识的。

此外定性强制要求进行标识的对象太少，例如由《农业转基因生物标识管理办法》和农业转基因生物目录可以发现，只有大豆、玉米、油菜、番茄等5类17种是强制要求进行标识的对象。而有关的胡萝卜、甜椒等转基因生物却未列入转基因生物目录中。很多转基因产品可能因为这个漏洞迅速流向市场，导致很多消费者不明不白地食用转基因商品。标识规格的不完善与标识对象范围的狭窄，导致市场中的食品“真假难辨”，消费者无法辨认购买的商品是否为转基因食品。

（三）转基因食品标识监管主体与责任认定不明确

从现行法律规定中，笔者认为转基因食品标识制度不健全，且有局限性，很多现实问题不能解决。就监管转基因食品标识的主体的认定来说，目前转基因农产品一般是由农业部门进行管理，然而市场监督检查却没有专门的主体负责。由于监管的范围广，需要的人手较多，国家没有规定专门监管的部门，农业部与兼管的部门之间也没有形成纽带。管理漏洞的出现导致一部分的生产者钻法律空子，利用廉价的转基因原料制作转基因食品。且我国法律法规就违反标识规定的生产者和经营者所应承担的责任，几乎没有明确的规定，只能根据具体情况选择可适用法律。

三、国外主要采用的转基因食品标识制度

（一）美国采用自愿标识制度

美国采取的是自愿标识制度。自愿标识制度是指法律对转基因食品不强制规定标识。因为美国认为转基因食品实际上等同于传统食品，所以美国食品药品管理局坚持实行自愿标识制度。但对于可能含有致敏性成分的转基因食品，或者食品中的成分可能有危险性，要求必须明确的标注出来。

美国食品药品管理局依据《美国联邦食品、药品和化妆品法》的规定进行监督和管理，该法中规定出现以下几种情况需要对转基因食品进行标记以示区别：转基因食品所包含营养组成不同；新食品中包含有导致过敏反应的成分；该商品中可能包含尚未发现的毒性成分。且在该规定中，要求使用“本产品含有生物技术生产原料”或者“本产品由生物工程技术制造”等词语进行标记识别，禁止使用类似“基因工程”等文字去直接或者间接影响消费者的选择。

美国采取自愿标识制度的原因有两个：其一，法律中只规定对产品的特征进行标识。美国认为食品的安全性在于食品本身而非生产方法或者过程。其二，对转基因食品生产方法标识对消费者的选择会造成误导行为。在美国重点监管的是产品本身，他们认为没有证据证明转基因食品的危害性，就不能认定其对人体有危害性。商品的标识会暗示转基因食品与传统食品不同，甚至导致消费者认为传统食品比转基因食品好。

美国依据《美国生物技术管理协调大纲》，认为如果推翻以往的认知，指定新的适用转基因食品的法律，可能会引起社会对转基因食品的认知混乱，导致不必要的麻烦。所以，美国没有强制性的立法，监管模式也较为宽松。

（二）欧盟采用强制标识制度

欧盟对转基因食品采取强制性制度，要求转基因食品的生产者、销售者必须对自己的商品进行标识，标识中要求说明其是否含有转基因成分。目前欧盟明确颁布的有关转基因食品标识的法律法规有 3 个规则以及 1 个指令。

规则包括1997年出台的《欧盟新食品与新食品成分规则》、2003年颁布的《欧盟转基因食品与饲料规则》以及《欧盟转基因生物的追溯性、标识以及包含转基因生物的商品的追溯性规则》。

指令是1990年发布的《欧盟转基因生物的有意释放指令》，于2001年修正完善。这4部法律文件构成了欧盟转基因食品流通的法律依据。欧盟根据转基因的目标和范围将强制标识分成过程标识和产品标识两类。[1] 但是欧盟主要以过程为基础对转基因食品进行强制标识。

过程标识，是指在转基因产品生产过程中出现转基因技术或者原料的商品均需明确的标志“转基因”这三个字，同时设置一系列特殊且具有代表性的代码，这样就方便消费者和管理者追根溯源。

1997年出台的《欧盟新食品与新食品成分规则》中明确了一部分不用加贴标识转基因食品的规定，因此当时市场上部分转基因产品没有加贴标识就推向市场，遭到了消费者们的强烈反对，于是1998年出现了以过程为基础进行强制标识的监督管理原则。

以产品为基础的强制标识，是指加工而成的转基因食品中能够检测出转基因成分的，要求按照规定进行标识；检测不出转基因成分的话，就可以不标识。我国目前主要采取产品标识制度。

这两种强制标识执行方式不同，却各有意义。以过程为基础的方法要求产品的信息保存详细，且转基因和非转基因的严格分离，认定产品生产者和销售者的资料保存和可追溯性要求，可以从源头到最终包装来追溯和认定转基因食品和非转基因食品，以确保转基因食品和非转基因食品能够完全区分开。以产品为基础的标识方法是依据检测结果执行的。所以相较而言，同样是强制标识制度，以过程为基础的转基因食品标识的执行成本大于以产品为基础的转基因食品的标识。[2] 从效果上来看，

---

[1] 付仲文. 一些国家和地区转基因生物标识制度概况 [J]. 世界农业，2009 (12)：32-34.

[2] A de Leon，A.，A. Manalo，and F. C. Guilatco，The Cost Implications of GM food Labeling in the Philippines [M]. Manila：The Philippine Bureau of Food and Drugs，2004：15.

以产品为基础的强制标识对于消费者与生产者、消费者之间的利益冲突起到了更好的调节作用，更好地保护了消费的权益，在一定程度上预防了转基因食品的危害，进一步保障了制度的可行性，降低了执行过程中的成本。

（三）日本采用混合标识制度

日本采用的是自愿性、强制性混合标识制度。日本于 2001 年规定，若使用已经通过安全性认证的大豆、玉米、棉籽、马铃薯、油菜籽 5 种转基因农产品做加工原料、加工后仍然能够检测出转基因成分的含量占总重量 5%以上，商品外包装上必须有“含转基因”等显著标识。

日本于 2003 年出台的《日本转基因食品标识标准》中明确列出必须标识的转基因食品清单，即清单中食品必须按照要求进行转基因食品标识。“不含转基因”是自愿性标识，但是必须同时满足两个条件：食品中转基因成分的含量不超过 5%，且在生产和销售的过程中有特殊的监管。❶

四、我国转基因食品标识制度的完善建议

在现有的科学技术条件下，并不能确定转基因食品是否对人类的健康和安全存在隐患。且社会处于不断的发展和进步中，转基因食品出现并不是偶然，它是一定社会条件下的产物，不可能禁止其发展。因此通过维护消费者的选择权，将转基因食品明确标识出来，无论好与坏，一切看顾客的选择。目前中国的发展状态和国情要求我们必须再多学多看多领悟多体验，摸索出一条适合我国国情的转基因标识之路。笔者对完善我国转基因食品标识制度提出以下几点建议。

（一）完善转基因食品标识的种类及规格

明确规定进入农业转基因生物目录的转基因生物和相关产品，除了初级加工的食品，也要将目标锁定于正在进行处理或者已经处理好的加

❶ 贾士荣，彭于发，等．不同国家和地区转基因产品标识管理政策的比较[J]．农业生物技术学报，2010（1）：59.

工产品。无论是直接加工的转基因食品，还是进行或多或少烦琐又复杂的程序才得到的成品，都需要按照法律将成品进行标记。相关部门应该制定更加完善的条文规定去规范应该统一进行标记区别的产品种类，构建国标体系，规范运营商按照法律规定的标记识别，也能更好地走依法治国的光明大道。

首先，无论是整体还是含有某一种转基因成分或者生产过程中曾经用到过转基因技术，只要最后投入市场的商品在检测时发现含有转基因成分的，就需要在该产品包装上进行标注。其次，利用部分转基因生物作为原料制成的加工食品，但可能无法检测出食品中含有转基因成分的，也需在食品包装上进行标识。为了保证转基因食品标识制度的顺利进行，应该建立一个转基因食品数据库，同时将这个数据库进行公布，供大家查阅、了解。最后，那些含有部分转基因食品添加剂、转基因饲料等不完全性质的转基因食品，也必须明确地在食品包装上做标识。

转基因食品标识的字体及颜色需要进行规范。首先明确规定法律中相关用语的具体含义，避免不法分子找法律缝隙，钻法律空子，从而逃避责任。对标识的格式也应当进行统一和规范，详尽地规定标识应处的位置、具体的呈现形态、统一而特殊的颜色显示、特定而一致的字体、统一而显眼的字号。本文建议借鉴欧盟的处理方法，将标识放在“食品成分”区域，如果不出现在这一区域，则需要清楚地在商标旁边标出；如果该产品不需要包装，而是直接出售，就必须树立合格正规的标志牌说明；建议将某种易识别的、特殊的且字号较大的字体嵌入椭圆中用来区别于非转基因食品。

（二）确定转基因食品标识内容与对象

笔者认为在转基因食品外包装上标注一些警示语，以避免消费者因为标识藏匿于不明显位置而导致错误选购的现象，譬如致敏标识的强制性。大家都知道转基因食品在很大程度上帮助人类解决了粮食的短缺问题，但由于短期内转基因食品并没有显露出它可能对人类健康所造成的伤害，不能排除转基因食品可能从基因上来影响和改变人类，这种长时间才导致质变的影响在短期内很难被发现。因此，转基因最终对人类身体会造成什么样的影响，目前还无法定论。不过，现有的数据表明转基因食品可能会潜移默化地影响人体，小则导致人体排斥，出现过敏反应，大则导致人体内的某些器官或者整体出现慢性衰竭，所以添加过敏警示语是强制性要求。

世界是丰富多彩的，就像不存在两片相同的树叶一样，因为国家或者民族的不同，相应地也就出现了饮食文化丰富各异的现象，为了尊重大多数人的习惯，满足各类人群的选购需求，经营者有必要、也有责任和义务去明确说明转基因成分的来源，以保障提供给消费者比较完善的食品安全信息，让他们买得放心，吃得安心。无论作何抉择，其实对生产者和经营者来说无疑减轻了后续隐患，避免后续可能产生的纷争。对于消费者，选择购买转基因食品的同时也选择承担转基因食品可能存在的风险，尊重消费者选择，也维护了生产者和经营者的利益。

（三）明确转基因食品标识监管主体及其职责

为了避免出现因权力分配不均导致工作不能正常开展的现象，应明确规定各部门的工作，进行合理有效的分工。相关部门彼此应该加强沟通交流，因地制宜地摸索出更有效的合作途径。可以借鉴如今的政治、法律理论以及国内外有关食品安全的风险经验制定出更适合我国国情的合作模式，这将会更好地平衡科学技术和民主之间的关系，满足 21 世纪中国规避食品安全风险的需求。❶

农业部和卫生部是监管转基因食品的主体部门，应该加强各部门之间的合作与交流，保证在转基因食品生产过程中形成追踪网络，从而保障转基因食品具备作为食品的最基本要求，即安全性。转基因作物以及含有部分转基因成分的加工产品的检测结果分析起来不但困难且没有明确的标准，所以转基因成分的检测标准要由卫生部门来明确规定并监管。另外，该部门应当投入更多精力，从检测部门的工作人员和设备条件着手，从而保证检测机构能够提供真实可靠的检测结果。

---

❶ 戚建刚．我国食品安全风险规制模式之转型［J］．法学研究，2011（1）：33.

可以通过强化各个行政部门的权力，协调好彼此的关系，并对主管部门的工作进行监督管理和审查，相关部门应当及时公布并更新与转基因食品相关的法律法规以及规范性文件等，同时为消费者普及相关的知识，提出具有指导性和建设性的意见和建议。

（四）健全违反转基因食品标识制度所要承担的法律责任

立足于我国的转基因食品发展，只有在相关部门严格地履行对转基因食品标识问题的监管职责时，经营者在生产和销售的环节才会踏实地履行自己应尽的标记识别义务。不过众所周知，监管部门的任务一向比较艰巨，人才资源比较短缺，工作效率也就难以提高，所以建立健全法律责任就尤为重要，既可以保障监管的力度和依据，又有效地起到警告作用，以此来弥补执法资源有限的缺陷。

中国目前只能通过参考普通的食品标识规定去追究不进行转基因标识的生产者和销售者的责任，选择可适用规定进行处罚。和欧盟各成员国进行对比，不难发现我国的处罚力度仍旧薄弱，不能起到阻止和防患于未然的作用。例如，2009 年颁布的《食品安全法》第 86 条对于违反标签义务的行为，仅仅规定根据情节严重程度从没收违法所得到停产停业，直至吊销许可证等。倘若法国相关部门发现与规定不符的商品，首先会警告生产者或者销售者，其次被要求上交不超过 37500 欧元的罚款并处以 2 年以下的有期徒刑。每个不符合要求的标识均要缴纳 450 欧元以示惩罚。若情节恶劣的，可以采取紧急措施去制止该食品进入市场或者是将商品从市场上撤回。[1] 所以说，可以通过增大处罚力度来避免此类问题的出现。

目前中国主要通过行政责任的认定来确定违反转基因标识的法律责任，但是违反转基因食品标识的相关规定又会涉及对消费者知情权等民事权利的侵害，因此，应该着力于完善关于转基因食品标识相关的民事责任认定的规定，如果生产者、销售者的行为造成了法律后果且损害比

---

[1] Diana Wong, Genetically modified food labeling in the European Union and selected places [J]. Research and Library Services Division Legislative Council Secretariat, 19 November 2007: 30.

较严重时，可以上升到刑事责任的层面，故而也应该完善相应的刑事责任认定的法律规范。

因此，笔者认为现阶段我国应该理性分析当前情况，就我国转基因食品标识的现有制度，再借鉴别国或者其他案例，从法律角度出发进行深入的探讨，在保障消费者的合法权益的前提下，促进我国的转基因食品市场能够合法合理的发展。只有责任的规定明确且严厉，相关主体才会积极地守法，消费者的知情权才能切实地获得保障。

结　语

现今转基因食品在一定程度上解决了人类生存的问题，它涵盖科技、经济的发展，更与我们赖以生存的自然环境密切相关，当然人们更注重的是处于食物链顶端的人类的食品安全问题，所以转基因食品与人类健康话题热度高涨。在这样的食品环境下，转基因食品标识成为保证消费者知情权的有效措施和途径。从食物监管方面来讲有必要强化管理，毕竟从长远来说这是一个涉及国家和民族兴亡的问题。中国目前依然处于对转基因食品领域进行建立法律体系的初级时期，因此如果想要合理有效地解决问题仍旧还有很大的难度。而且未来科技的发展空间不是人类所能想象、预测和控制的，它有自己独特的价值和趋势，所以不能将随时面临着淘汰的科学技术作为支撑转基因食品的安全体系。因此，理应分析当前情况，就我国转基因食品标识的现有制度，再借鉴别国或者其他案例，从法律角度出发进行深入的探讨，在保障消费者的合法权益的前提下，促进我国的转基因食品市场能够合法合理地发展。

参考文献

[1] 唐德强．转基因食品的发展概况及其安全性［J］．食品研究与开发，2004（1）：93-95.

[2] 周志军．转基因食品及其检测技术仁［J］．武汉工业学院学报，2002（4）：2-3.

[3] 储棕荷．全国转基因作物面积 17 年增长 100 倍［J］．工人日报，2013（322）：3.

[4] 付仲文．一些国家和地区转基因生物标识制度概况［J］．世界农业，2009（12）：

32-34.

[5] 沈孝宙．转基因之争［M］．北京：北京化学工业出版社，2008：131.

[6] 刘晓农，叶萍等．转基因生物的标识问题及管理对策［J］．南昌大学报，2010（41）：4.

[7] 付文佚．转基因食品标识的比较法研究［M］．昆明：云南人民出版社，2011：205-210.

[8] 王方玉．论消费者教育权的直接义务主体［J］．华侨大学学报，2009（20）：13-15.

[9] 王广印，韩世栋，等．转基因食品的安全性与标识管理［J］．世界农业，2008（29）：667-673.

[10] 戚建刚．我国食品安全风险规制模式之转型［J］．法学研究，2011（1）：33.

[11] 付仲文．一些国家和地区转基因生物标识制度概况［J］．世界农业，2009（2）：103.

[12] 贾士荣，彭于发，等．不同国家和地区转基因产品标识管理政策的比较［J］．农业生物技术学报，2010（1）：59.

[13] Nordlee，Astwood JD，Townsend R，et al. Identification of Brazil Nut allergen in Transgenic Soybeans［J］．New England Journal Medicine，1996：334，668-692.

[14] Celina Ramjoue. The Transalantic Rift in Genetically Modified Food Policy［J］．20 Journal of Agricultual and Environmental Ethics，2007：419.

[15] Charles W. Schmidt. Genetically Modified Foods：Breeding Uncertainty［J］．Environmental Health Perspectives. Aug.，Vol. 113，2005：528.

北京水漳土地信托融资现状及法律障碍调研报告

李　蕊

一、引　言

我国农村发展面临两大现实困境：一是作为农村经济血液的农村金融资源供给严重不足，二是作为农民最大财富源泉的农地资源利用不充分。就资金资源而言，“三农”问题一直受困于农村金融供给不足这一瓶颈，就农地资源配置而言，以家庭为单位小规模细碎化的农地经营方式引致农业生产低效，滞碍农业现代化实现。十八届三中全会和2015年党中央一号文件提出“加快构建新型农业经营体系”，关键在于农业经营体制机制创新，创新基础在于农地顺畅流转和融资。

农地信托是基于信托原理以实现农地流转融资为目的，将农地经营权作为信托财产委托给信托机构经营管理实现农地受益权的标准化和凭证化，促进了我国农村土地、资金、劳动力资源合理配置。

为维护农民的土地财产权和集体资产收益权，推动“土地流转起来”，解决农民市场能力不足的问题，借助金融机制，增强农民资源配置能力，提高农村土地经营管理效率，自安徽宿州“中国首单土地信托”落地以来，在全国已有中信信托、北京信托等多家信托公司投入到农村土地信托的实践。北京市农经办经过三年的研究论证于2014年2月促成华北地区首单土地信托“金色田野2014008号”正式落地，北京国际信托有限公司（以下简称北京信托）与密云县穆家峪镇水漳村土地股份经济合作社签署协议，将水漳村1680余亩土地统一流转给北京国际信托有限公司经营。

为检验评价项目实施效果，2015年5月北京市农研中心委托北京农学院对密云水漳土地信托试点项目实施效果开展评估。本次评估的主要任务是：（1）针对水漳村土地信托的基本做法、土地信托方案落实情况以及一年多来试点工作的进展等进行系统全面的评估；（2）客观评价“水漳村土地信托”项目实施一年以来所产生的直接效果和间接效果；（3）研判“水漳村土地信托”对项目当地农村的经济、社会发展、农民生活质量综合发展的影响方式、程度；（4）对项目运行过程中出现的问题进行客观分析并提出建设性意见。

评估项目小组在广泛调查研究、充分分析研讨的基础上，出具此份评估报告。

二、实践项目概述

伴随着新一轮土地制度改革，自 2013 年 10 月以来北京、安徽、江苏、河南、山东、湖北、贵州、黑龙江等地陆续与北京信托、中信信托、中粮信托等信托公司携手合作对于农地信托流转融资进行了有益的尝试和探索。

北京水漳土地信托试点项目基于信托原理探索农地信托流转融资，创新“土地股份合作社＋信托公司＋农民专业合作社”“财产信托＋资金信托”的农地信托流转融资方式。探索了政府放权、信托主导、农民自治的农地流转融资机制，构建了多维农民权益保障体系，促进农村土地、资金、劳动力资源合理配置。水漳村位于密云县穆家峪镇，从 2010 年开始探索农地流转，1680 余亩农用地全部由本村圣水樱桃专业合作社种植高附加值果品。由于果品种植投入大、生产周期长导致资金严重短缺，经营陷入困境，影响到村集体经济发展和农民收入增加。2014 年在北京市农经办推动下与北京信托合作探索农地信托经营。农民自愿组建土地股份合作社集中土地承包经营权，合作社作为委托人将农地集中委托给北京信托，由北京信托进行市场化运作并承担风险。由当地农民自发成立的农民专业合作社——圣水樱桃专业合作社作为土地接转方负责农地经营。

三、调研基本情况

该项目的评价属于事中评价。与事前评价不同，事中评价侧重评价项目运行过程是否实现了立项时提出的阶段性目标要求，是否践行了立项时提出的工作方案和原则，是否达到了立项时制定的工作要求。就内容而言，事中评价报告包括四个方面：第一，准确描述项目的实际运行情况；第二，客观评价项目阶段实施效果；第三，分析项目运行中出现的主要问题以及面临的困境和障碍；第四，提出改进建议。

为了调研实现上述评价目标，大学生科研训练项目小组在对密云水漳农地信托试点项目进行事中评价时，严格遵循以下基本原则：第一，客观性原则，即坚持以客观事实为依据，基于掌握与项目有关的基本信息进行理性判断；第二，中立性原则，即力求对所要评价的项目保持中立态度，对与项目相关的组织与个人保持中立态度；第三，综合性原则，鉴于项目涉及范围广、实施主体众多，关系农地改革发展方向和农民切身利益，评估组在与北京市农研中心等部门多次沟通的基础上，除深入水漳村实地调研外，还开展比较研究，除采用文献研究方法梳理既有的十个农地信托项目，还选择具有代表性的中信兰西土地项目走访有关部门，尽可能全面反映实施情况，力求做出综合性的评价。

四、项目进展情况

结合实地调研考察和理论分析研判，对水漳村土地信托目前的实施效果进行初步评估，评估组认为自签约以来，项目如期推开，进展顺利。具体进展如下：

（一）信托资金已经全部到位，突破了农业经营资金瓶颈

密云水漳土地信托方案的突出特点在于“双信托”，为了解决土地经营中的资金困局，按照信托设计，在土地信托的基础上配套设有资金信托计划，北京信托向作为信托土地的承接方圣水樱桃专业合作社提供1000万元的信托资金用于农业经营。2014年6月17日，双方正式签订资金信托合同。同年9月经银监会批准，并由北京市农业融资担保公司担保，1000万元信托资金分两期全部到账，迅速给作为土地承接经营方的水漳村圣水樱桃合作社带来了活力，有效缓解了其升级转型面临的资金瓶颈问题。

（二）农业设施和作物品种得到显著改善，现代农业经营已初具规模

目前合作社将信托资金主要用于扩大生产、完善设施、改善经营管理等，相关项目落实进展十分顺利。（1）升级完善和新建农业设施。在对原有大棚设施进行完善升级，更新了部分覆膜、棚架、照明及保温设施，并新配备了除虫、滴灌等设备，同时计划对现有大棚进行信息化改造。同时又投资新建大棚2万余栋，截至2015年8月建成大棚共22500栋。（2）改良农作物品种。截至2015年8月实地调查为止，该村引进新型樱桃苗木2万余株，总计种植樱桃苗木4万余株，种植蓝莓苗木1万余株。（3）农业种植规模进一步扩大。增加樱桃种植面积1000亩（达到1200余亩）。新增蓝莓、草莓、葡萄等其他经济作物200余亩（达到450余亩，其中蓝莓种植100余亩，草莓70余亩，葡萄280余亩）。（4）配备了相关的灭虫、滴灌以及部分农业专业器械。（5）加强了农业基础设施建设。完善了棚间道路，并对靠近公路两旁的设施环境进行了整治，为农业休闲采摘创造了良好环境条件。

（三）引进先进的农业生产技术和农资，实现土地改良和产出提高

为突破农业技术瓶颈，圣水樱桃专业合作社积极与多家从事农业技术研发的机构合作。不仅与生物制剂研究和生产的企业合作，改进农药、肥料的施用和管理，还与农业部下属的农业研究机构合作，对土地实施改良，并多次邀请相关农业专家来村为合作社提供技术指导和支持。根据专家指导，在蓝莓、樱桃种植时引进施用新型肥料，并计划逐步推广到草莓等作物的全面种植中，预计推广后草莓亩产可以提高至3000公斤。

（四）借助“农超对接”和“网络销售”，解决农产品销售难题

按照水漳村土地信托方案设计，北京信托除配套资金信托外，还充分利用自身渠道资源优势，帮助圣水樱桃合作社对接华联超市，华联超市为水漳村农产品提供免费绿色通道。经过实际考察，由双方协商，决定先期通过绿色通道将水漳村蓝莓直接引入华联超市卖场，并为水漳村加挂“华联超市蓝莓基地”牌子。2014年蓝莓直接销售收入20余万元，而且，华联超市基地挂牌产生了品牌效应，带动了蓝莓和草莓采摘的发

展。截至 2015 年 8 月，圣水樱桃专业合作社收入突破百万元，预计 2015 年全年收入将突破 200 万元。

为突破时空阻隔扩大销售途径，在与华联超市对接的同时，圣水樱桃专业合作社积极开拓网络销售渠道，截至 2015 年 9 月，网络销售蓝莓数量 5000 多公斤，销售额 40 余万元。目前正在建立自己的网上店铺，借助地缘优势以及华联超市基地的品牌效应，利用互联网建立稳定的蓝莓、樱桃销售平台，预计 2015 年底即将建成。一方面，通过互联网实现生产和消费直接对接，减少中间流通环节，降低成本，提高经济效益。另一方面，产销结合，有利于供需信息沟通，使合作社随时了解市场需求情况，有利于及时调整生产计划。预计其果品销售以及农业采摘收入有望实现爆发式增长。

（五）依托农业经营多元化融合发展，建设现代农业产业

水漳村三面环山，耕地数量稀少，山地面积大。圣水樱桃专业合作社因地制宜，种植樱桃树、蓝莓树等经济附加值高的经济作物，同时又在政府补贴支持下发展“林下经济”，种植红薯。为解决红薯销路问题，借助信托资金支持，合作社扩建红薯粉加工厂，每天可以加工红薯 6 万公斤，在解决销路问题的同时，又延长产业链增加了产品附加值，提高了经济效益。

根据合作社规划，后续合作社将重点发展反季节水果，结合休闲采摘、超市配送以及农产品加工，全面提升合作社盈利能力。未来将着力打造“圣水樱桃”的农业品牌，依托现有农业设施，以现代设施农业为基础逐步建立集休闲采摘、农业体验、餐饮娱乐为一体的现代农业产业园，使水漳成为北京知名的农业休闲胜地，带动村庄发展和农民致富。

五、项目成果评价

（一）依据充分性分析

密云水漳土地信托试点方案经历了长达三年的研究设计，严格遵守了各项法律法规，充分贯彻了中央有关精神。近年来，党和政府始终关注农村土地流转和融资制度改革创新，为农地信托创新实践提供了政策

上的依据。2013 年中央 1 号文件提出“要引导农村土地承包经营权有序流转，发展多种形式的适度规模经营。”党的十八届三中全会通过《中共中央关于全面深化改革若干重大问题的决定》确立了新一轮土地制度改革的基调，要求“加速推进土地流转，赋予农民更多的财产权利”，首次提出“鼓励和引导工商资本到农村发展适合企业化经营的现代种养业，向农业输入现代生产要素和经营模式”，为工商资本进入农村、参与农村土地流转融资提供了政策依据。2014 年中央 1 号文件指出，“要全面深化农村改革，鼓励探索创新，在明确底线的前提下支持地方先行先试，尊重农民群众实践创造。”2015 年中央 1 号文件再次强调“稳步推进农村土地制度改革”“推进农村金融体制改革”。

2013 年北京市委、市政府《关于坚持改革创新深入推进城乡发展一体化的意见》明确要求实现农村“土地流转起来、资产经营起来、农民组织起来”，密云水漳土地信托试点正是基于信托原理，创新“土地股份合作社＋信托公司＋农民专业合作社”“财产信托＋资金信托”的农地信托流转融资方式，运用市场化手段推进农地信托流转融资。2014 年中共中央办公厅、国务院办公厅《关于引导农村土地经营权有序流转发展农业适度规模经营的意见》将土地确权颁证正式提上了日程，再次明确提出“土地所有权、承包权、经营权三权分置”“推进家庭经营、集体经营、合作经营、企业经营等多种经营方式共同发展”。农地信托流转融资在坚持集体所有权和土地承包权不变的情形下将农地经营权信托给受托人的做法与中央的“三权分置”的政策要求不谋而合。2014 年中央农村工作会议强调“要把产业链、价值链等现代产业组织方式引入农业”。而整合农业资源、促进农业的规模化、延长农业产业链正是农地信托流转融资较转包、抵押等其他传统流转、融资方式的优势所在。

（二）目标明确性、可行性分析

总体而言，密云水漳土地信托试点项目目标较为明确，方案设计具有较强的合规性和可操作性。开展土地信托的根本目的在于分离农村土地的所有权、承包权和经营权，实现农村土地资源与外部市场的资源要求的对接，让市场发现农村土地的资源价值。同时坚持土地公有制性质不改变、耕地红线不突破、农民利益不受损三条底线，让农民成为土地流转和规模经营的积极参与者和真正受益者，维护和实现农民的土地权利。

《中华人民共和国信托法》(以下简称《信托法》) 第 7 条要求“设立信托必须有确定的信托财产，并且该信托财产必须是委托人合法所有的财产，包括合法的财产权利。”《中华人民共和国农村土地承包法》(以下简称《农村土地承包法》)、《农村承包经营权流转管理办法》《信托法》等相关立法，对于农地信托这一创新制度尚无明确规定。但是既有的《中华人民共和国物权法》(以下简称《物权法》)、《中华人民共和国土地管理法》(以下简称《土地管理法》)《农村土地承包法》《农村承包经营权流转管理办法》等已确认农村土地承包经营权的用益物权属性，作为从土地承包经营权中衍生分离出来的新型土地权利，经营权显然契合信托法关于信托设置对“合法的财产权利”的要求。毋庸置疑，农地信托流转融资成功分离了土地所有权、承包权、经营权，保持农地所有权与承包权主体稳定不变，只将经营权纳入信托范畴，亦符合现行立法对于农地集体所有、家庭承包责任制度不变的基本要求。

(三) 项目实施成效评价

根据对密云水漳土地信托试点项目的实际考察，并结合走访调查获取的材料数据分析，评估项目组认为水漳村土地信托制度已经初步达到了预先设定的目标，取得了较好的社会效益和经济效益：

(1) 方案设计基本得到了落实、预设目标得到初步实现。

在市农经办 (市农研中心) 的指导下，经过各方不断沟通努力，水漳村的土地信托得以基本按照预先的方案进行推进。从土地股份合作社的组建、土地信托合同的协商议定、土地信托签约方式的确定，到土地信托的签约、对接华联销售渠道的意向达成，再到资金信托担保、签约等一系列步骤流程的执行，基本都遵照了方案的设计。整体上看，土地信托的基本要点得到全面贯彻，原有的方案基本得到了落实。

从目前实施效果看，预设目标得到初步实现：农村土地的所有权留给了村集体，承包权留给了农户，而经营权放活，给了市场。水漳村土地经营获得了来自外部金融市场的 1000 万元信托资金以及华联超市的渠道，原本经营陷入困境的圣水樱桃合作社重新焕发了活力，市场经营局面逐渐打开，经营前景看好，进一步带动了土地经营价值预期的提高，不仅给农民吃了定心丸，也有望在不久的将来给农民带来更多的收益。

（2）项目运行充分尊重农民意愿，得到农民认可和拥护。

由农民自发成立的土地股份合作社和农民专业合作社作为土地的委托方和经营方，使农民在产权流转、土地经营、收益分配全过程始终处于绝对主导地位。水漳村土地信托的核心价值在于“政府放权，农民自主”，在运行过程中充分考虑并尊重农民意愿，在整个信托流转融资过程中，主要发挥市场在农地、资金和劳动力资源配置中的作用，各方主体主要依靠合同规范彼此权利义务关系。地方政府协助搭建与信托公司合作的平台，既没有强迫农民实施流转融资也没有“亲力亲为”干预整个运行过程。

在水漳土地信托过程中，由村民自主成立、自我管理的土地股份合作社和土地生产合作社分别扮演了土地流转机构和土地承接经营者的角色。在充分尊重农民的自主选择的基础上，通过农民合作经济组织，组织农民与信托公司、担保公司自主订立信托协议，构建整个信托流转融资机制。农民在整个土地信托流转过程中始终占据主导地位，本着“农民土地农民种”的基本设计理念，土地最终流转至以本村村民自主成立自我管理的“圣水樱桃合作社”，开展农业产业化经营，并由40名村民代表组成理事会负责对合作社运营进行监督，确保了农地农用，有效规避了农民流转土地后的失地风险，防范了土地流转后的“非农化”和“非粮化”倾向。

调查显示，村民对于这一经营模式普遍表示认可并对未来合作社农业经营充满信心。92.2%的受访农户对于农地信托经营表示满意或非常满意，同时表示在十三年土地信托合同期满后，愿意继续选择土地信托流转方式。80.4%的受访农户对于圣水樱桃合作社经营充满信心。实地考察过程中可以明显感受到合作社较强的凝聚力和向心力，社员对于合作社具有较强的归属感和主人翁意识，参与合作社经营管理的积极性高涨，一些社员甚至不计报酬加班加点参与项目建设（见表1～表3）。

表 1　对土地信托流转满意度统计表

		频率	百分比	有效百分比	累积百分比
有效	0～2 分	2	3.9	3.9	3.9
	3～5 分	2	3.9	3.9	7.8
	6～7 分	10	19.6	19.6	27.5
	8～9 分	17	33.3	33.3	60.8
	10 分	20	39.2	39.2	100.0
	合计	51	100.0	100.0	

表 2　十三年期满后是否愿意继续选择土地信托流转

		频率	百分比	有效百分比	累积百分比
有效	是	47	92.2	92.2	92.2
	否	4	7.8	7.8	100.0
	合计	51	100.0	100.0	

表 3　对圣水樱桃合作社经营是否有信心

		频率	百分比	有效百分比	累积百分比
有效	是	41	80.4	80.4	80.4
	否	10	19.6	19.6	100.0
	合计	51	100.0	100.0	

（3）专业合作社经济效益稳步增加，经营前景广阔，信托资金偿付按计划推进。

项目实施一年来，圣水樱桃合作社从购买优质苗木、扩大种植规模到加强农业设施建设扩建大棚，基本实现了对信托资金的充分利用。农业种植品种由玉米等农作物到以樱桃等经济性作物为主，基本完成了种植结构和品种的转型和提升。此外，因地制宜地发展林下红薯种植，并建立红薯粉加工厂，增加产品附加值。

在农超对接的基础上借助互联网技术搭建农产品销售平台，开设“水果销售网店”开拓产销结合的运营模式。依托现有的农业设施，逐步形成集休闲采摘、生态观光、农业体验、餐饮娱乐为一体的现代农业生产园。

截至 2015 年 8 月，圣水樱桃专业合作社收入突破百万，其中蓝莓收入 70 余万元，草莓收入 30 余万元，樱桃收入 20 余万元，预计 2015 年全年收入将突破 200 万元。由于蓝莓、樱桃挂果需要一定周期，目前产量还不高，待进入盛果期经济效益将会更加可观。

按照合同约定，圣水樱桃专业合作社采用了等额本息还款法，每年分两次偿还信托资金，已于 2015 年 3 月连本带息偿还 20 万元贷款，预计于 2015 年 9 月还会连本带息偿还 50 万元。

（4）农民利益获得市场化保障，切实分享到了现代农业增值收益。

密云水漳农地信托试点项目利用市场的方式集中流转土地，不仅尊重农民选择权，而且保障了农民土地经营权，实现农民本土就业权。兼顾了效率与公平，解决了市场化过程中农民利益最大化的问题，构建了科学的信托收益分配机制，使农民成为最大受益者。农民不仅拥有土地承包权人、土地合作社社员、专业合作社社员、专业合作社工人四重身份，而且可以取得四重收益——除获得每亩 1000 元的流转费且每三年递增外，还将获得专业合作社和土地股份合作社分红，此外，从土地上解放的劳动力不仅可以选择异地打工增加收入，还可以选择在专业合作社就业获得工资。合作社积极吸引本村村民来合作社工作，现已解决了 70 余人的工作问题，特别是为年龄在 45 岁以上、失去外出打工能力的中老年农民提供了稳定的就业机会。调查数据显示，有近 60%的农户有家庭成员在合作社就业。有 80.4%的受访农户 2014 年家庭收入比 2013 年增加了 500 元以上，有 25.5%的受访农户 2014 年家庭收入比 2013 年增加了 3000 元以上（见表 4、表 5）。

表 4　农户家庭在樱桃合作社就业人数

		频率	百分比	有效百分比	累积百分比
有效	0	21	41.2	41.2	41.2
	1	23	45.1	45.1	86.3
	2	5	9.8	9.8	96.1
	3	2	3.9	3.9	100.0
	合计	51	100.0	100.0	

表 5 农户家庭收入增加情况

		频率	百分比	有效百分比	累积百分比
有效	0～500 元	10	19.6	19.6	19.6
	501～1000 元	8	29.4	29.4	49.0
	1001～2000 元	10	19.6	19.6	68.6
	2001～3000 元	3	5.9	5.9	74.5
	3001 元以上	13	25.5	25.5	100.0
	合计	51	100.0	100.0	

六、水漳土地信托实践优势与创新点评价

密云水漳农地信托实践坚持政府放权、农民自主，充分发挥市场在资源配置中的决定作用。探索创建了“土地合作社”和“专业合作社”耦合发展的“双合作社”模式以及“财产权信托”和“资金权信托”复合关联的“双信托”结构，以农地信托为载体，以信托公司为平台整合对接城乡资金、市场、农地等要素资源，在尊重市场运行规律和农民意愿的基础上促进了农业产业化经营，实现了农民土地权益市场化、资本化。评估组认为水漳土地信托较为成功地解决了以下问题：

第一，以信托机制采用市场手段实现农地“三权”分离，既盘活了土地资源，又严守了农地集体性质不变和流转后农业用途不变的底线。

密云水漳土地信托试点项目的创新价值在于：一方面用市场的方式，通过土地股份制改革理清内部产权关系，借助信托权能分离机制实现了土地集体所有权、农民承包权与农地经营权分离。在推动农地流转的同时稳定了土地承包关系，全面放活了经营权，同时依托信托公司的专业优势开展更加高效的市场运作、有效应对风险、维护农民权益，为盘活农村土地资源探索一种新的模式。另一方面以信托公司为中介，农地经营权最终流转到农民自主成立、自我管理的专业合作社，确保农地农用，有效防范了土地流转后的“非农化”和“非粮化”倾向。

该项目运行中充分贯彻中央和农业部有关精神，严格遵守土地用途

管制的要求，将“确保土地用于农业经营”和“禁止违法建设”明确写入信托再委托合同，这在全国土地信托实践中尚属首创。

第二，兼顾效率与公平，构建了科学的利益分配机制和“多维”农民权益保障体系，解决了市场化过程中农民利益最大化的问题。

维护和保障农民的权益，是我国农村土地制度改革的核心。农地流转融资机制创新的第一要务在于关注保障农民利益。密云水漳农地信托试点项目平衡协调各主体利益诉求，有效维护了农民权益，为土地信托的稳定运行提供了根本保障。

按照北京信托与圣水樱桃合作社的土地流转合同，合作社在获得经营收益后，除按照合同支付土地流转费和定期支付信托资金利息外，如实现盈利则需按照合同约定的期限，向信托公司定期支付超额收益，超额收益按照 1∶3∶6 的比例向信托公司、土地股份合作社和农民股东分配。这种收益分配方案平衡了各方利益，尤其兼顾了农民的长远利益和短期利益，有效维护了农民权益。

该项目的一大亮点在于实现了对农民权益“全方位多层次”的动态保护。(1) 尊重农民选择权。自愿原则是我国农村土地承包经营权流转的核心原则。只有对农民的利益给予有效保障，农民才会产生流转意愿。水漳农地信托流转中充分尊重农民意愿。对于个别不愿流转的农户，村委会通过村民代表积极与之沟通采取承包地置换的方式来解决土地“成片开发”和部分农户自主经营权之间的矛盾，最终实现农地整体流转。(2)“保留”农民的土地经营权。相较其他农地信托流转融资实践而言，水漳“双合作社”模式创新之处在于：以信托公司为中介，土地经营权最终不是流转到外部农业经营组织，而是保留到由农民自主成立、自我管理的樱桃合作社。(3) 保障农民收益权。密云水漳信托流转成功塑造了“三金”型农民，即合作社社员流转农地有租金、在合作社劳动有薪金、年终利润分红得股金，同时订立了更为规范的流转合同，充分保障农民收益权。其一，土地租金。农地租金源于两种途径，即“固定收益”和“浮动收益”。其中，“固定收益”为每亩每年 1000 元的农地流转费。“浮动收益”即流转费每三年增加一定比例的资金。水漳设置“浮动收益”的方式适应了经济发展的变化，有利于保持农民收入的动态平衡。其二，入股分红。樱桃合作社超额收益的30%归土地股份合作社，土地股份合作社按照土地股和人头股 9∶1 的比例进行分红。创新按“人头股”的分红方式，使户口在当地而没有分得土地的外嫁女和新出生的人口，也有相应的股金收入。其三，工作薪金。当地实现了农民本土就业，农民在自主成立的樱桃合作社从事日常园区林木的养护、除草等工作，每月能取得1000多元的薪金收入。(4) 实现农民本土就业权。水漳村现有具有劳动能力的村民400多人，年轻力壮的都外出打工，留在村里的多是外出就业困难的年长村民。而樱桃合作社吸收了70多名40岁以上的村民就业，解决了农地流转后农民尤其是中老年的就业问题。就地转移从土地上解放出来的农村剩余劳动力，有利于农民在兼顾家庭的同时获得薪金收入。吸纳中老年村民本土就业，避免其赋闲在家无所事事，有利于增强农民的满足感，在农村形成一种积极向上的氛围，有利于农村的稳定和繁荣。

第三，政府放权、农民自主、探索市场化运作机制，依合同规范各方主体权利义务。

水漳实践的核心价值在于“政府放权、农民自主”。众所周知，政府主导土地流转的方式简便易行且效率较高，因此国内多数土地信托项目在土地流转环节一般都采取由政府或者政府组建的中介机构来负责土地的归集和流转。然而，政府主导往往忽视农民的意愿，容易发展为强迫农民流转，与中央倡导的尊重农民意愿和市场化的导向相悖。在水漳信托流转融资过程中，主要发挥市场尤其是信托公司在农地、资金和劳动力资源配置中的整合作用，地方政府只是协助农民搭建与信托公司合作的平台，在充分尊重农民的自主选择的基础上，鼓励农民通过两个合作经济组织——土地股份合作社和樱桃合作社与信托公司自主订立结构化的农地信托流转融资协议，并最终由村民自我组织管理的专业合作社实施产业化经营，基于市场选择成功实现了“农民土地农民种”。

以信托公司为平台将城市中的资金、技术、管理、服务等要素信息引入到水漳村的农地经营过程中，促进适度规模经营和农业现代化，带动了全村整体发展和农民增收致富。考虑到水漳农业经营的特点和实际需求，北京信托除为其配套1000万元资金信托外，为帮助解决其农产品销售难题还专门为合作社对接了华联超市，实现了生产向销售的延伸。

此外，经过各方不懈努力，该项目最终采用市场化担保的方式，变既有农地融资由政府平台公司甚至乡镇政府财政直接担保为北京市农业融资担保公司担保，成为全国首个由农业专业化担保机构以市场化方式增信的农地信托实践。

第四，以市场机制驱动城乡要素资源对接，为农业经营提供新的融资渠道，促进产业融合多元化发展。

信托公司将城市中的资金、技术、管理、服务乃至人员等要素引入水漳农地经营过程中来，为农业经营提供新的融资渠道，促进了农业现代化和产业化转型。传统的农地流转方式如入股、互换、出租等，一般组织性较低，难以实现规模经营，更难以实现产业融合。水漳土地信托以信托公司为平台进行规模流转的同时，创造性打通了农产品生产、加工和销售环节，并积极挖掘了农业产业的乡村生态休闲、旅游观光以及文化教育价值。

北京信托不仅受托管理农地还设立信托产品向投资人募集资金并注入樱桃专业合作社为农业经营提供了新的融资渠道选择。过去农业经营融资主要通过农村小额信贷、农民互助金融或者民间借贷等，基于风险考量对于担保物以及经营者要求较高，农民往往难以满足，造成融资无门。引入土地信托模式后，借助信托公司平台，为相应的农业项目对接资本市场进行融资解决农业经营困局。

不宁唯是，北京信托更凭借其资源整合能力促进专业合作社与北京华联综合超市对接，使合作社成为华联供应基地，延长产业链条，实现产业融合解决销售难题。

第五，构建了较为规范的资金监管机制和科学的资金偿付方案，保障资金使用效益。

农地信托流转融资可持续发展的关键在于如何保证注入的资金发挥应有的效用。以往是由乡镇政府农村信贷资金实施行政监管或是由银监会进行金融行业监管，然而，前者不符合金融监管的要求，后者不适合农村实际和专业合作社资金监管的体制规定。密云水漳土地信托在信托资金的监管上进行了创新，探索构建了较为规范的监管机制：在资金流动方面，北京银监局对 1000 万元信托资金的流出方向进行宏观监管；在日常运营方面，由密云县当地的农业合作中心及农研中心下属的经管科对其日常经营进行微观监管，保障信托资金发挥其应有的效用。既符合金融监管法规，又符合农村实际和专业合作社资金监管的体制规定。

水漳农地信托试点项目借款期限为八年，采用等额本息还款法，将本金与利息总额相加，每年按上下半年分两次偿还，且顺应果树挂果周期还款数额逐步递增，不仅有利于保障信托资金的按期偿付，而且有利于减轻合作社还款压力。

七、水漳土地信托项目面临问题与障碍

虽然目前密云水漳土地信托项目进展较为顺利，但毕竟起步只有一年多的时间，评估小组研究发现在开展试点的过程中还存在一些问题、面临一些障碍滞碍其发展，亟待解决。

第一，土地股份合作社的登记问题。

水漳农地信托试点项目采用的是双合作社模式，即“土地股份合作社＋信托公司＋农民专业合作社”。农民将土地以入股的形式，将土地经营权交给土地股份合作社，土地股份合作社将土地以信托的方式交予信托公司，信托公司将土地租给农民专业合作社，由农民专业合作社进行种植和管理。但是针对土地股份合作社的主体资格取得现行法律法规未予以明确。又由于性质差异既有农民专业合作社法不能直接迁移适用于土地股份合作社。而地方目前也没有针对此类合作社的登记和运营制定具体规定，造成土地股份合作社登记困难。

调研发现，水漳土地股份合作社一直处于无合法身份、无标准规范、无运行资质的尴尬境地。由于法律地位不明确，引致其不具有与北京信托公司签订财产权信托合同的主体资格，只能委托当地村委代为签约，

增加了合同订立以及未来纠纷解决的复杂性和不确定性。

第二，信托公司在土地信托中的适应能力和资源整合作用发挥问题。

土地信托最大的创新在于将信托理念和机制融入到土地流转融资中去，实现信托融资和土地流转的有机结合。然而由于信托公司生于城市长于城市，在其走向农村的过程中传统的商业金融模式与农村制度现实碰撞中必然衍生出一些矛盾和冲突，例如，信托公司对于还款期限的严格要求与农业经营尤其是经济林木经营周期较长、收效慢的现实冲突等。再如信托公司基于风控考量而对于担保的严格要求与圣水樱桃合作社本身几乎没有任何合法的可抵押财产的矛盾所导致的项目风险归集成为难题。虽然最终通过北京市农担公司担保补齐了资金使用链条，然而农担公司自身的反担保制度要求又引发新的障碍，最终不得不由合作社理事长本人以个人资产承担了部分抵押担保，信托资金才得以发放。尽管按照合同约定信托公司已注入1000万元的信托资金，但因为农业生产本身就具有周期长，收效慢的特点，再加上后续生产技术的引进和销路的开拓中资金的投入也必不可少的，这些因素都导致了未来项目的运行仍面临不小的资金缺口。此外，樱桃生产合作社还要在每年的利润中分出一部分用于定期支付信托资金利息，这种资金“两难”的困境将成为未来制约水漳村发展的一大阻碍。

毋庸讳言，信托公司作为以信任委托为基础、以货币资金和实物财产的经营管理为形式的金融机构，具有利用其资源平台优势和资产管理服务的功能整合提升农业生产资料、技术、经营、销售等环节促进农业产业化、现代化的能力。例如目前黑龙江兰西正在开展的中信兰西项目就由中信信托公司牵头携手黑龙江省农科院、哈尔滨谷物交易所共同出资成立的兰西中信现代农业服务公司，整合发挥中信信托、农科院和谷交所在融资、科技创新和开拓农产品市场的优势，为兰西农业生产经营主体提供土地流转资金支持、种肥等生产物资代购及资金垫付、农机农技等生产性服务以及玉米收储及订单收购。现代农业服务公司还为生产经营主体制定玉米生产种植标准化操作规程，实现农业生产标准化。

调研发现在密云水漳项目实践中，信托公司的作用基本还是停留在土地流转和资金信托层面，除帮助合作社对接华联超市外，对于农资、技术、市场等资源的整合平台作用没有得到充分发挥，在农资、技术和销售等农业生产前后端主要依靠农民专业合作社自身力量，只有35.3%的受访农户认可信托公司在水漳信托项目中发挥了很大作用（见表6）。

表6　信托公司在水漳土地信托中发挥的作用

		频率	百分比	有效百分比	累积百分比
有效	很大	18	35.3	35.3	35.3
	一般	11	21.6	21.6	56.9
	没作用	1	2.0	2.0	58.8
	不知道	21	41.2	41.2	100.0
	合计	51	100.0	100.0	

第三，农地信托监管问题。

能否对其实施有效监管事关整个农地信托流转融资框架的稳固与发展。然而，目下我国尚无对于农地信托流转融资监管机构的专门规定。我国《信托公司管理办法》规定，中国银行业监督管理委员会对信托公司及其业务活动实施监督管理。而《农村土地承包经营权流转管理办法》明确由县级以上的土地管理部门对农地流转进行监督和管理。但是既有立法对于聚合兼容农地流转和信托双重因素的农地信托的监管机构、程序、权责等却“集体失声”。以信托资金监管为例，由于信托公司自身根本无力在远郊区县开展符合要求的日常监管，而经管部门作为政府机构本着“法无授权不作为”的原则又不便插手，使得资金使用监管成为一大难题。无奈之下，信托公司只得委托密云县农合中心代为履行日常监管职能。

八、对策和建议

在新一轮土地制度改革背景下，为推动密云水漳土地信托试点项目开展以及条件成熟后扩大试点范围，评估小组提出以下建议：

（一）土地信托体制层面

从土地信托体制改革的现状看，法律制度不健全和相关风险管控以及保障机制的缺失，是现在水漳村面临的主要问题。为了能更好地破解体制困境，政府必须重新定位其在土地信托中的角色，积极由管理型政府向服务型政府转变，在尊重市场导向的基础上，发挥政府的辅助作用。政府应该着手于几方面的体制推动工作：

（1）建立农村土地流转风险基金制度，防范土地信托流转中的风险，引导构建完善的农业保险体系。水漳村土地流转信托中面临着多重风险，通过设立土地流转风险基金，一方面，可以与农村社会保障相结合，为部分流转了土地又失去就业能力，且无法仅依靠土地流转收入获得养老保障的老年人解决基本生活保障问题。另一方面，将农业生产合作社纳入到风险保障体系中去，降低它们在农地流转融资过程中的经营风险和系统性风险。政府可以制定政策性法规，通过在土地交易收入中提取一定数目的风险管控资金构建土地流转风险保障体系，以弥补商业类农业保险的不足，逐步构建完善政策性和商业性资金相结合的农地流转融资风险保障体系。

（2）地方政府出台有关股份合作社地方立法，建构一体化农业信托协同监管机制，破解法律障碍。水漳村土地信托中的委托方本应是土地股份合作社，但由于立法缺位不能依法登记，无法取得信托合同主体资格，只能委托村委及其他组织代签合同，影响交易安全。建议出台土地股份合作社地方立法。此外，农地信托融合土地和金融双重属性，更暗合产业、金融、法律等多重风险，建议厘定银监部门农地信托监管协同机制。

（3）实现土地收益权凭证化，在土地确权和信托登记制度完善的前提下，实现土地收益凭证化是未来土地信托发展的重点。一方面，信托公司可以将土地收益权证券化后，向农民发放，同时确定这部分权益所对应的固定收益以及增值收益，使农民淡化其对土地的依赖，有利于农民摆脱土地的约束，从而充分发挥信托保障农民长期收益的作用。另一方面，由于土地收益权凭证本身具有有价债券的性质且具有流通性，因此可以通过收益权凭证的流通来募集社会资金，以支撑农业发展。收益权凭证化的方式为农村经济发展提供了新的融资渠道，通过收益凭证在市场上的流通，实现土地价值的市场化，盘活了土地，同时也分散了融资风险，有利于优化农业产业结构，实现农业规模化经营。

(4) 筹划建立农地信托登记制度，防范信托风险、保障交易安全。信托登记具有社会公示作用，不仅利于保障交易安全，而且利于实现信托财产独立性和破产隔离作用。现行信托法对信托登记语焉不详。为明晰产权关系、防范信托风险，建议建立农地信托登记制度，与既有农地登记制度衔接，在运作上可考虑将农地流转登记和信托登记合二为一，允许在办理农地流转登记同时申请办理信托财产登记。

(5) 建立信息公开机制，保障农民对土地的知情权，防范土地信托中的道德风险。土地信托中道德风险在很大程度上是由于信息不对称所导致的。在水漳村模式中，农民土地由股份合作社流转集中后，再由村委会代表农民与信托公司签订合同，而农民自身与信托公司基本绝缘。因此，在农村土地承包经营权信托之中，应建立起信息公开制度，受托人应当定期将信托财产的管理运用、处分及收支情况报告给委托人与受益人；委托人与受益人有权查阅、抄录或者复制与其信托财产有关的信托账目及处理信托事务的其他文件，并要求受托人作出说明。经由这样的信息公开体制，可以防范与控制信息不对称的风险。

(二) 土地信托政策层面

北京市农委作为土地信托模式的实际设计者，通过政策调整为土地信托提供更多援助，其作用主要体现在以下两个方面：

(1) 依托现有的乡镇农技站和经管站，发挥其在技术和监督两个环节的作用。农委依靠现有的乡镇农技站，委派具有专业农业技术和农业种植经验的农技人员为水漳村提供充分的技术支持。此外，充分发挥农经站的职责，与银监会合作，对信托资金的实际运用和信托工作的开展进行监督。

(2) 建立农地信托补贴政策，为进入农地流转的信托公司提供政策性支持，促进土地信托发展。就水漳村的情况而言，因为信托公司盈利空间有限，经营风险大，使北京信托失去了进一步推动土地信托发展的动力。建议通过政府政策性补贴支持，减轻信托公司的负担，其补贴政策可以包括财税优惠政策、农业生产补贴金等。通过这些政策的实施为信托公司创造良好的政策环境，鼓励信托公司加快水漳村土地信托的推进速度，实现水漳村土地信托模式的进一步完善。

（三）土地信托的操作层面

在土地信托的实际操作层面，信托公司和农业合作社职能和作用的发挥是不容忽视的。

对于信托公司而言，充分发挥其在土地信托中的优势，促进土地信托各环节的整合提升，实现和维护农民的土地权益。依托信托公司作为金融机构的优势，促进农村土地资源与城市技术、管理、销售等要素的对接，实现城乡要素市场的有效联通。

(1) 在农业生产环节上，信托公司引进专业的农资企业、农机合作社以及农业科研机构，将各自优势充分与农业生产合作社的经营结合起来，实现种子，肥料，农机等各种生产要素的有机结合，优势互补。同时，结合水漳村实际情况引进具有专业农业知识的技术人员实际参与到农业生产的各个环节中去，使农业技术可以深入到农业生产的实践中。理论结合实践，优化农业生产结构，实现农业规模化、产业化。

(2) 在销售环节上，利用信托公司掌握的丰富的市场资源和信息，通过信托公司的市场运营能力将这条产业链打通，使产业链上端的农业生产合作社和下端的消费者群体直接对接，实现产融结合，缩短农产品交易环节，节约交易成本，打造独具农业特色的农产品销售链条，完善城乡农产品消费市场。

(3) 在土地信托机制上、将消费信托与土地信托的结合，创新农产品营销模式。消费信托是一种“消费＋理财”的新型信托模式，具体到土地信托中而言，由信托公司以消费者的需求出发，推出消费理财产品，由消费者购买信托产品获得农产品的消费权，到期后消费者可以以最优价格获得自己认购的农产品。消费信托不仅帮助农业生产者解决了农产品销路问题，同时实现了产融结合，以销定产，避免出现农产品滞销的情况。对信托公司而言，消费信托为其创建了新的盈利模式：①减少了农产品中间流通环节，极大的节约了交易成本，使信托公司在兼顾生产者和消费者利益的同时，仍具有很大的盈利空间。②消费者向信托公司交纳一定数量的消费保证金，经过这部分资金的沉淀，投资，到期分配三个阶段，为信托公司创造了一定的盈利空间。③信托公司利用其议价权，为消费者获得最优质的消费服务同时，也可以通过中间的差价获得一定的资金盈利。

对于农业专业合作社而言，其作为“双信托模式”中实际的农业经营者，其经营和管理能力的提升对于土地信托未来发展尤为重要。一方面，规范合作社内部机制，设立股东大会，定期对农业生产情况进行内部公示，加强对信托资金的内部管理。另一方面，对实际农业种植人员进行统一的农机培训，提高农业经营水平。促进农业专业合作社向专业化、规范化方向发展。

九、推广农地信托创新经验，促进京津冀农业产业升级及一体化发展

在京津冀地区试点农地信托准入制度，发挥信托公司平台作用，推动城乡需求与资源双向对接对流。发挥首都资金、技术、管理以及产业链供应等优势对接津冀，引领京津冀农业产业转型升级及一体化发展。

京津冀农业产业协同发展的前提是城乡双向需求与资源对接对流，对接对流的关键在于资源整合配置。信托公司以货币资金和实物财产的受托经营管理为形式，业务对象广泛、方式灵活多样，具有作为资源整合配置平台的潜质。建议遴选几家条件成熟的信托公司，推动其参与农地信托实践，将京津农业技术、资金、管理以及农产品市场需求与河北农地资源和农产品生产对接互联，打造完整的一体化农业产业链条。通过跨区域农业产业协作，促进农业产业升级和规模经营，保障农产品可追溯和质量安全。

附　录

附录1　水漳土地信托试点成效调查问卷

尊敬的水漳村农民朋友：

您好！我们受北京市农村经济研究中心委托开展北京市农村土地信

托试点项目评估工作。

本次调查的目的是希望能够向您了解水漳村土地信托试点的进展、成效等情况，以便客观开展项目评估，并总结项目经验推动北京农村土地信托改革。希望能够得到您的支持和协助。您的填答资料将作为水漳村土地信托试点中农民群众的代表性意见被郑重对待，因此请您务必根据自己的真实情况如实填答。在填答问卷时，直接填写答案，答案无对错之分。请您在符合您的选项处画“√”，无须署名。所有资料将按国家《统计法》严格保密，因此不会对您造成任何不利影响。

真诚感谢您的支持和配合！

问卷采集人：________

调查地点：北京市密云县穆家峪镇水漳村

调查时间：2015 年　月　日

被调查人性别：男（　）　女（　）

您的年龄（岁）：18～30（　）　30～40（　）　40～50（　）

50～60（　）　60 及以上（　）

文化程度：小学及以下（　）　中学（　）　高中（　）　大专（　）

本科及以上（　）

第一部分　农户基本情况

1. 你家家庭成员共____人，其中有劳动能力（18～60 周岁且身体健康）的____人，在樱桃专业合作社就业的____人

2. 你家承包土地数量____亩

第二部分　农地信托流转情况

3. 您是否了解您家土地流转的去向？

A. 是　　B. 否

4. 您认为 2014 年以前水漳村农业经营面临的问题是________（可多选，按照重要程度排序）

A. 资金　　B. 销售　　C. 管理　　D. 技术

E. 信息　　F. 没有

5. 您认为目前圣水樱桃专业合作社农业经营面临的问题是________（可多选，按照重要程度排序）

A. 没有　　B. 资金　　C. 销售　　D. 管理

E. 技术　　F. 信息　　G. 其他

6. 您认为信托公司在水漳土地信托流转中发挥的作用________

A. 很大　　B. 一般　　C. 没作用　　D. 不知道

7. 与 2013 年相比，2014 年您的家庭收入增加了________

A. 0～500 元　　B. 501～1000 元

C. 1001～2000 元　　D. 2001～3000 元

E. 3001 元以上

8. 2014 年您家收入增加的主要来源是________（可多选，按照重要程度排序）

A. 外出务工　　B. 樱桃合作社打工

C. 土地流转费　　D. 合作社分红

E. 政府补贴　　F. 工商业经营

G. 其他收入

9. 您是否了解圣水樱桃合作社和北京信托之间存在借款关系？

A. 是　　B. 否

10. 您对圣水樱桃合作社经营是否有信心？

A. 是　　B. 否

11. 您对土地信托流转的满意度是________（最高 10 分）

A. 0～2 分　　B. 3～5 分　　C. 6～7 分　　D. 8～9 分

E. 10 分

12. 十三年流转期满后您是否愿意继续选择土地信托流转方式？

A. 是　　B. 否

衷心感谢您的大力支持与配合！

北京市农村土地信托试点项目评估项目组

附录2　北京农地流转融资现状调查问卷

尊敬的农民朋友：

您好！为开展北京农学院大学生科研训练活动，培养大学生的科研精神，我们特针对“北京水漳土地信托融资现状及法律障碍”问题进行调查研究。本次调查的目的是希望能够向您了解有关农村居民农地流转融资现况，为政府完善农地流转融资立法，发展农业生产，提高农民生活水平提供参考。希望能够得到您的支持和协助。您的填答资料将作为农村土地流转融资中农民群众的代表性意见被郑重对待，因此请您务必根据自己的真实情况如实填答。在填答问卷时，直接填写答案，答案无对错之分。请您在符合您的选项处画“√”，无须署名。所有资料将按国家《统计法》严格保密，因此不会对您造成任何不利影响。

真诚感谢您的支持和配合！

问卷采集人：________

调查地区：________区（县）________乡镇（　　）________村

调查时间：________年____月____日

被调查人性别：男（ ）　女（ ）

您的年龄（岁）：18～30（ ）　30～40（ ）　40～50（ ）

50～60（ ）　60及以上（ ）

文化程度：小学及以下（ ）　中学（ ）　高中（ ）　大专（ ）

本科及以上（ ）

您的职业：农业劳动者（ ）　个体工商户（ ）　私营企业主（ ）

外出务工人员（ ）　在当地打工人员（ ）　其他________

第一部分　农户基本情况

1. 你家家庭成员数量________人，其中劳动力（18～60周岁身体健康）数量________人

2. 你家承包土地数量________亩

3. 您的家庭年收入为________

A. 1万元以下　　B. 1万～3万元
C. 3万～5万元　　D. 5万～10万元
E. 10万～20万元　　F. 20万元以上

4. 您家庭收入的主要来源为________（可多选，请按重要程度由大到小排序）

A. 土地耕作　　B. 自已经营小本生意
C. 企事业单位　　D. 在本地打工
E. 外出务工　　F. 自已创办企业
G. 土地、房屋租金　　H. 补贴、救济
I. 养殖　　J. 其他________

5. 家庭的主要支出有哪些方面________（可多选，请按重要程度由大到小排序）

A. 子女上学　　B. 修建房屋
C. 医疗支出　　D. 子女婚嫁
E. 人情往来　　F. 购买生产资料
G. 生活支出　　H. 其他________

6. 您对国家土地相关法律政策了解吗？

A. 非常清楚　B. 了解　　C. 略知一二
D. 从未听说（如选D项，请直接回答第二部分）

7. 以下关于农业的法律政策您了解的有________（可多选，请按重要程度由大到小排序）

A.《中华人民共和国农业法》
B.《中华人民共和国土地管理法》
C.《中华人民共和国农村土地承包法》
D.《土地承包经营权流转管理办法》
E.《土地登记办法》
F.《中华人民共和国农业保险条例》
G. 农业补贴政策
H. 退耕还林政策

I. 其他________

8. 您所了解的北京出台的农村土地流转融资地方法规政策有________（可多选）

A. 没有　　B. 不知道

C. 农地抵押政策　　D. 农地入股政策

E. 农地存贷政策　　F. 农地信托政策

G. 其他________

9. 您对国家农村土地流转融资法律政策满意程度________

A. 非常满意　　B. 比较满意

C. 不太满意　　D. 非常不满

E. 不知道

10. 对农村土地流转融资法律政策希望做以哪些下改进________

A. 立法允许土地承包经营权抵押

B. 切实保障农民在土地承包经营权流转中的权益

C. 有效约束村委会的权力

D. 其他________

第二部分　土地流转基本信息

11. 您家是否进行过土地流转

A. 是　　B. 没有（如选B项则跳到第三部分回答）

12. 您家农地流转后的主要用途是________（可多选）

A. 工程建设　　B. 种植农作物

C. 果园苗圃　　D. 畜禽等养殖

E. 场地（砖厂、堆料场、停车场间、歇性集市等）

F. 其他________

13. 您家土地流转的方向

A. 转出　　B. 转入（选B项，请跳到第20个问题继续回答）

14. 您家转出土地的原因是

A. 无力耕种　　B. 不愿耕种，收入太低

C. 急需一笔收入　　D. 村委会引导

E. 村委会强制　　F. 流转对象上门洽谈

G. 其他________

15. 您家转出土地采取的流转形式________

A. 转包　　B. 转让

C. 出租　　D. 互换

E. 反租倒包　　F. 入股

G. 无偿借用给他人　　H. 其他________

16. 您家转出土地的对象是________（可多选）

A. 其他农户　　B. 企业

C. 村集体　　D. 合作社等合作组织

E. 其他________

17. 您家转出土地的期限为________（如多次转出土地，请取平均值）

A. 1 年　　B. 1～5 年

C. 5～10 年　　D. 10 年以上

18. 您家转出土地的数量________亩/年

19. 您家通过耕地流转每亩每年获得的收益是________元/亩；您转出土地希望得到的合理收益是________元/亩（如多次转出土地，请取平均值）

A. 0～200 元　　B. 200～600 元

C. 600～800 元　　D. 800～1000 元

E. 1000～1500 元　　F. 1500 以上

20. 您家转入土地的期限为________（如多次转入土地，请取平均值）（如在 13 题选 B 项的请回答第 20 题和第 21 题）

A. 1 年　　B. 1～5 年　　C. 5～10 年　　D. 10 年以上

21. 您家转入土地的原因________

A. 劳动力过剩　　B. 经营农地效益高

C. 受亲朋好友的托付　　D. 其他________

第三部分　农村融资基本信息

22. 您家近五年是否有借贷资金的需求________

A. 是

B. 否（选 B 项，请跳转至第四部分政府行为部分回答问题）

23. 您家近五年是否有借贷资金行为________

A. 是

B. 否（选 B 项，请跳转至第 33 题及第四部分问题）

24. 您家借贷资金的主要用途________

A. 子女教育　　B. 就医治病

C. 建房　　D. 生产

E. 婚丧嫁娶　　F. 买房买车

G. 其他________

25. 您家获得借贷资金的方式________（可多选，请按便捷程度由易到难排序）

A. 从亲戚朋友处借款

B. 从商业银行、信用社等金融机构借款

C. 民间放贷者

D. 资金互助社、村镇银行、贷款公司

E. 政府项目

F. 非政府组织

26. 您家借贷资金担保的方式________

A. 第三人保证　　B. 抵押、质押

C. 无担保　　D. 其他________

27. 您家借贷资金的期限________

A. 6 个月以下　　B. 6 个月～1 年

C. 1～5 年　　D. 5 年以上

28. 目前您家借贷资金的金额________元；近五年累计借款数目________元

A. 1 万以下　　B. 1 万～3 万

C. 3 万～5 万　　D. 5 万～10 万

E. 10 万～30 万　　F. 30 万～50 万

G. 50 万以上

29. 您家借贷资金的利息是________%/年（1 厘=0.1%）

30. 您家获得借贷资金的难易程度为________

A. 非常容易　　　B. 容易
C. 一般　　　　　D. 困难
E. 非常困难

31. 您认为在借款过程中遇到的主要困难是________（可多选，请按困难程度由大到小排序）

A. 银行贷款额度不足　　　B. 抵押不足
C. 找不到担保人　　　　　D. 银行和担保机构服务意识差
E. 贷款利率和费用高，无法承受
F. 手续烦琐　　　　　　　G. 其他________

32. 您家是否采用土地融资________（可多选）

A. 否　　　　　　　　　　B. 土地承包经营权入股
C. 土地承包经营权抵押　　D. 土地承包经营权信托
E. 其他________

33. 造成您有需求但没有对外借贷的原因是________（如在第 24 题选 B 项的请回答此问题）

A. 不知道去哪里借款　　　B. 借款对象不同意借
C. 利息难以负担　　　　　D. 其他________

第四部分　政府在土地流转融资中的作用

34. 您认为在土地流转融资中，政府发挥了何种作用________（可多选，请按重要程度由大到小排序）

A. 土地流转融资政策宣传
B. 提供土地流转融资信息
C. 建立土地流转市场
D. 推进土地流转融资机构平台建立（如土地合作社、土地银行）
E. 规范土地流转合同
F. 监督与管理
G. 完善农村社会保障体系
H. 健全农业保险
I. 其他________

35. 您认为政府目前就土地流转融资提供的服务完善吗？

A. 很完善　　B. 比较完善

C. 一般　　D. 不完善

E. 很不完善

36. 您认为在土地流转融资中，政府在哪些方面应该改进________（可多选，请按重要程度由大到小排序）

A. 出台土地流转融资法律政策

B. 相关法律政策宣传

C. 土地流转融资信息提供

D. 土地流转融资市场建立

E. 推进土地流转融资机构平台建立（如土地合作社、土地银行）

F. 强化监管

G. 完善社会保障体系

H. 就业安置

I. 健全农业保险

J. 其他________

37. 目前，您都享有哪些保障________（可多选）

A. 新农村合作医疗

B. 养老保险

C. 商业医疗保险（从保险公司购买）

D. 最低生活保障、五保供养、特困户救助、扶贫救助等农村社会救助

E. 其他________

38. 您认为在改善农地流转融资环境方面，哪些主体起决定性作用________（可多选，请按作用大小排序）

A. 农户　　B. 中央政府

C. 地方政府　　D. 银行等金融机构

E. 农业企业和农业经营大户　F. 村委会

G. 农民专业合作社

H. 专门的农地流转融资平台机构（如土地合作社、土地银行）

39. 关于农村土地流转融资方面，您最希望政府部门做的一件事

是____

衷心感谢您的大力支持和配合！

"大学生科研训练项目"实践小组

附录3　北京农地流转融资创新需求和基础——基于北京、安徽、山东等六省（市）问卷调查

加快构建新型农业经营体系关键在于农业经营体制机制创新，创新的基础在于农地顺畅流转和融资。这也是赋予农民更多财产权利的主旨所在。为厘清新一轮土地制度改革背景下北京农地流转融资创新的实然根柢，2014年8月至2015年4月调研组在北京、安徽、山东等六省（市）进行农地流转融资现状问卷调查。主要从农地流转现状、农村融资现状、政府作用发挥和法律政策配套三个维度，研判北京农地流转融资现实根基。本次调查通过配额抽样、采取入户访问的方式在北京市顺义、平谷、怀柔、房山、密云、延庆六个区（县）发放问卷220份，收回有效问卷197份，问卷有效回收率为89.5%。为了研判北京农地流转融资个性化特征，还进行了区际比较研究，选择安徽凤阳、安徽阜阳、河南周口、贵州遵义、贵州黔西南州、湖北洪湖、山东临沂五个省份七个地区（以下简称五省份）发放问卷870份，收回有效问卷782份，问卷有效回收率为89.9%。

课题组梳理分析问卷采集信息得出以下判断：

1. 北京农地转出比例相对较高、村集体在流转中发挥了较大作用

北京地区40.1%的被调查农户进行了农地流转，流转方向多是转出（87.2%）。在转出土地的方式上，传统的转包（23.5%）、出租（23.5%）占比较大，其次是转让（22.1%）、无偿借给他人（22.1%）。这反映出北京地区农地流转还具有发展空间，尤其是农地流转方式有待进一步创新发展。而转入比例偏低也反映了农户自身规模经营能力不足，未来在构建新型农业经营体系过程中尤其要注重培育专业大户、家庭农场新型农业经营主体。在农地转出对象方面，调查显示流转给村集体比重较大占44.9%，但是流转给农民合作社的比重不高（1.4%）。这说明村集体在农地流转中较好地发挥了组织推动作用，但是还缺乏专业流转中介机构组织引导，农民合作组织发育水平及其在农地流转中的作用发

挥尚待提升。在农地流转收益方面，调查显示每亩年收益在1000元及以下的占80.6%，相较于北京地区农村最低生活标准（每人每月670元）而言流转收益有待提高。这也对于农地流转创新以及农民经济利益维护提出更高求。在农地转出期限方面，十年以上的比例较高（39.1%），较长流转的期限不仅有利于现代规模农业尤其是设施农业的发展，也为农地融资创新发展奠定了基础。

将北京地区与五省份调查数据对比分析发现，北京农地流转存在以下个性化特点：（1）北京地区不仅农地流转比例相对较高（北京为40.1%，五省份为33.8%），而且转出比例高（北京为87.2%，五省份为68.2%）。原因主要在于北京地区第二、三产业较为发达，农民收益多元对土地的依赖程度相对较低。（2）北京地区农地流转期限相对较长。流转十年以上的占39.1%、五年以上的占57.9%。而五省份流转期限主要集中于一年至五年（57.5%），流转十年以上的仅占20.1%。进一步分析发现当下北京农业发展方向是都市型现代农业，是高效生态农业和观光休闲农业，相较于一般粮食作物生产，农业设施投入较大。尤其是经济性林木生产周期较长，相应要求流转土地期限也较长。（3）农地转出对象方面，北京地区流转给村集体比例相对较高（44.9%），流转给其他农户比例为36.2%；而其他省份流转给其他农户占比较高（53.5%），流转给村集体的比例偏低仅为11.4%。这说明北京地区农地流转过程中村委会参与程度较高，在尊重农民意愿的前提下，村委会的参与有利于推进农业专业化、规模化、标准化发展，提高农地流转效率。

2. 北京农村金融有待发展、农地融资创新任重道远

调查显示，北京农村有融资需求的农户占被调查农户的33.5%，认为融资难和非常难的占被调查农户的25.6%。在有融资需求的农户中实施了融资行为的只有61.8%。导致农户有融资需求但没有融资的主要原因在于农户认为利息高、难以负担（34.6%），但也有部分农户认为是没有融资渠道（23.1%）。在融资农户中有60%选择从亲戚朋友等熟人处借款，52.4%的融资农户采取无担保融资，农地融资比例仅为5%。以上数据映射出北京农村金融供给与农民需求尚未实现有效对接，未来农村金融体制机制改革，尤其是农地融资改革创新任重道远。在融资数量、用途方面，农户融资规模在五万元以下的占83.7%，有25.5%的农户用于就医治病、有23.6%的农户用于建房，用于农业生产融资比例仅为12.7%。进一步分析表明，尽管近年来北京农村社会保障持续发展、民生不断改善，但是保障机制和水平距离民生需求还存在一定差距。另一方面，生产融资需求不足也侧面反映出农业经营在一定程度上还呈现小规模、分散化特点，农业发展方式有待转变，适度规模化经营有待发展。

比较分析北京地区与五省份农村融资状况调查数据发现：(1) 北京从金融机构融资比例稍高于五省份（北京29.1%，五省份24.6%）。(2) 在融资担保方式调查中，北京农村融资采用抵押质押担保方式比重高于第三人保证（高出16%），五省份农村融资采用抵押质押担保方式低于第三人保证（低17.4%）。这反映了北京地区涉农融资担保相对发达，金融机构参与“三农”融资意愿相对较高，农民金融意识相对较强。(3) 北京农村融资期限相对较长，五年以上融资占比为20%，而五省份五年以上融资仅为7.1%。说明北京农村经济发展具有长期融资的现实需求。

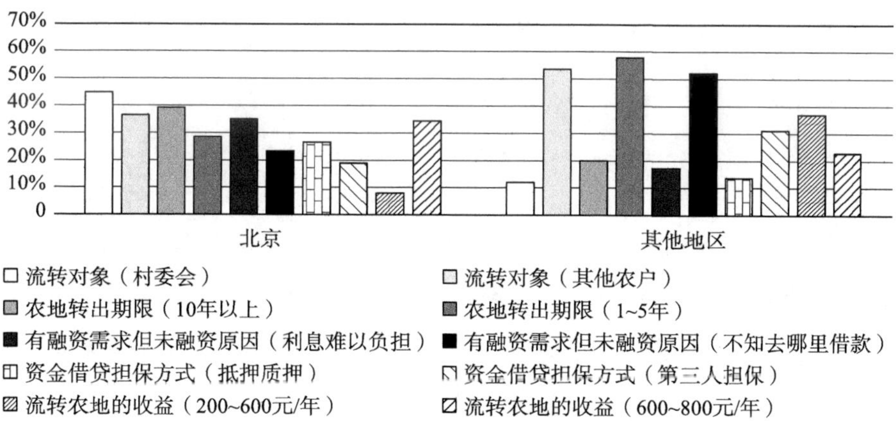

北京与其他五省份部分调查数据对比图

此外，在土地流转融资法律政策的改进建议方面，除关注“农地流转融资中的权益保障”（47.4%）外，北京农户更加关注农地融资法律完善（28.4%）。而五省份农户对于农地融资法律完善的关注比例相对较低（21.9%）。在农地流转融资环境改善决定性主体调查中，北京农户对于地方政府（31.9%）和村委会（23.7%）期待较高。而五省份农户更寄希望于中央政府（23.8%）和地方政府（33.6%），认为村委会可以发挥决定作用的仅占16.1%。

基于上述数据分析，可以得出以下结论：一是北京农地流转和规模经营发展相对较快，村集体在农地流转融资过程中较好的发挥了作用，但是农地流转方式有待创新、新型农业经营主体有待培育、农民流转收益有待提高。二是北京农村融资中金融机构参与度相对较高，农户长期融资尤其是实施农地融资意愿较强。但是融资需求没有得到有效满足，农地融资发展相对滞后。因此北京地区初步具有率先实施农地流转融资创新的基础和条件。

附录4　既有农地信托项目比较表

1. 各地农地信托流转实践模式及农民收益情况（简表）

实践地区	信托公司	模式	农民收益
北京密云	北京信托	双合作社	基本收益（地租）＋浮动收益（地租的浮动增长＋分红）
山东青州	中信信托	双合作社	固定收益
江苏无锡	北京信托	双合作社	基本收益＋浮动收益（分红）
安徽宿州	中信信托	政府代理	基本收益＋浮动收益（分红）
贵州开阳	中信信托	政府代理	基本收益＋浮动收益（分红）
安徽马鞍山	中信信托	政府代理	固定收益
安徽铜陵	北京信托	合作社＋信托＋农业企业	基本收益（地租）＋浮动收益（入股分红）
黑龙江兰西	中信信托	政府代理	基本收益（地租）＋浮动收益（土地经营收入）
江苏镇江	中建信托	政府代理	基本收益＋浮动收益

2. 各地农地信托流转实践模式比较列表

样板地区	内容	信托机构	主导	信托出资	创新之处	发展预期
江苏无锡阳山桃园村项目（水蜜桃种植）	2013年11月7日开启。①采取“土地合作社”+“专业合作社”的双合作社设计。成员取得由惠山区农办发放的土地股份合作社股权证书，享受信托计划受益权。②信托期限不少于15年。③农户的收入为“基本地租+浮动收益”	北京信托	非政府	提供前期资金	经营主体为“灵俊水蜜桃专业合作社”，合作社全体股东均为阳山镇桃园村有种植桃树特长的村民，农民可成为合作社雇佣的农业工人，获得工资性收入（与水漳类似）	①土地流转信托收益权份额化并且凭证化未来建立土地收益凭证。②开发资金信托产品
江苏句容金色田野系列	2013年11月14日左右。农民以土地经营权作为出资入股土地合作社，再由土地合作社以土地经营权在北京信托设立财产权信托。然后，北京信托将把信托土地租赁予句容市新农村发展实业有限公司	北京信托	非政府	否	①实现土地面向专业大户、家庭农场、农民合作社、农业企业的多元流转。②深化农业生产分工，公司先进行土地平整再流转至农业大户。将农业生产者从其不擅长的领域解放出来	打破“进城则失地，失地则失业”

续表

样板地区	内容	信托机构	主导	信托出资	创新之处	发展预期
安徽铜陵（牡丹种植）	铜陵市依托凤丹特色农业产业和村级土地流转专业合作社，将流转的土地作为财产，交由北京国际信托有限公司信托管理，北京信托以土地作价入股，按照土地流转期限内（2013～2025年）地租折现作价，以地租的形式支付给农民	北京信托	非政府	否	①建立“土地承包经营权信托基金”。②发展集团企业（铜陵发展投资集团公司、中合供销（上海）股权投资基金管理有限公司各出资5000万元共计1亿元，共同组建铜陵牡丹集团，并于2013年12月26日正式签约）	
北京密云水漳（蓝莓，樱桃，葡萄，红薯）	2014年3月开展。 “两社一信托”2011年农民将土地集中至土地股份合作社后交给信托公司，信托公司注入资金后交给圣水樱桃合作社经营	北京信托	非政府	1000万元	对接华联超市	延长产业链，发展深加工。开发网络销售，扩大销售渠道

续表

样板地区	内容	信托机构	主导	信托出资	创新之处	发展预期
安徽宿州市埇桥区朱仙庄镇	区政府与中信信托签署了一份框架协议，就5400亩地委托中信信托，信托公司再委托安徽帝元农业投资作为第三方运营土地，中信信托作为受托人介入经营管理	中信信托	政府	1.1亿元年化利率10%	启示：做好风险评估	很难继续（更改土地用途审批手续不全无法获得投资方的融资）农民仅收到两年流转费，由于项目未盈利，农民无分红
山东青州何官镇	①只是与当地土地合作社签订了《土地经营权流转合同》，项目具体落体尚未全面展开。信托公司介入土地流转信托的具体运营和盈利方式尚未清晰呈现。②中信并不直接经营农村土地，而是为项目合作地引入先进企业、公司，将先进企业公司与合作社、农户联系起来	中信信托	农民自发组织的土地合作社	否	①引入德国拜耳，拜耳作物科学将通过多种方式向农户引入创新的农业技术和产品②计划引入顺丰物流，在青州建一个物流基地从当地运营绿色蔬菜项目③与‘宿州项目’不同之处在于，该项目的委托人是已经由农民自发形成的合作社	①构建“土地信托银行”②发放一个信托收益凭证，这是一个类似于银行卡的东西，中信信托在将土地流转费用发放到农户手中，按照构想，这张卡同时也是透支贷款信用凭证，卡片被授予一定的额度，农户可凭此卡片透支贷款

续表

样板地区	内容	信托机构	主导	信托出资	创新之处	发展预期
	③目前青州总的家庭承包地88万亩，土地流转面积达35万亩，土地确权面积也达到一半以上					
贵州开阳县（富硒水稻）	开阳县人民政府作为此单土地流转信托产品的委托人，由贵州硒味园食品开发有限公司作为服务商提供服务。贵州硒味园将1000亩已经流转过来的土地再次流转给中信信托，以获取一部分的土地流转资金；随后，贵州硒味园再从中信信托取得这1000亩土地的承包经营权，并进行有机富硒水稻的种植，以获取中信信托的融资支持	中信信托	政府	有未注明数量	①信托中心委派专员进入硒味园管理层进行企业管理 ②走高端大米路线	试点工作取得一定成果后，中信信托在开阳县的土地信托流转规模将会持续增大，并将在全国范围内寻找优秀农业生产企业引入开阳县进行农业产业化开发。同时，还将以“十里画廊”区域为试点，从全国范围内引进大型生态农业企业及相应资金支持发展生态农业和旅游观光业

续表

样板地区	内容	信托机构	主导	信托出资	创新之处	发展预期
安徽马鞍山含山县	2014年6月14日开展。①含山县与中信信托签订了规模达1.95万亩的土地流转信托，期限11年。②含山县陶厂镇、清溪镇、运漕镇3镇9个村共19514.49亩土地将作为信托财产，委托中信信托集中管理，出租给大平公司旗下专事农业生产和管理的全资子公司九道农业	中信信托	政府	2年4000万元	含山县土地确权已经完成50%。不过，由于土地确权证下发在即，以及融资成本等问题，双方的合同实际上只签了两年，后续9年的签约要看这两年的合作情况而定	中信信托和九道农业为新型农业经营主体提供全程金融服务和生产服务，包括订单获取、种植方案制定、农资采购、农机服务、产品收购、物流服务、结算服务、垫付流动资金等。农民将土地变身为信托产品后，将获得中信信托派发的信托收益
湖北黄冈龙感湖	2014年3月开展。流转项目涉及6万亩土地	中信信托	政府		首单以土地信托介入国有农场改革的新模式。通过信托的介入可以有效降低农业生产成本，解决农业发展过程中遇到的各种问题，有效提高农业的生产效率	

续表

样板地区	内容	信托机构	主导	信托出资	创新之处	发展预期
河南济源（花卉）	中信信托与河南省济源市人民政府，就济源地区规划面积约20000亩的农村土地承包经营权流转签署战略合作协议	中信信托	政府	信托机构未出资。鄢陵花艺目前在各家银行贷款6000万元	全国首个针对建设生态文明、防风固沙、防治雾霾为主要目的的土地流转信托。 引入苗木花卉产业，种植防雾霾的白皮松	
黑龙江兰西（玉米）	2014年11月。兰西中信公司引导农民自愿将承包的集体土地委托给合作社经营；合作社受托农民承包地后，经过整理，再二次信托给中信信托公司，由中信信托公司对合作社农民发放信托凭证，作为农民获得土地收益权的一种法律证明，农民收益体现为土地固定收益（基本地租）和浮动收益（土地经营收入）	中信信托	政府	兰西中信公司是中信信托公司、省农科院、哈尔滨谷物交易所共同出资3000万元成立的	①中信信托公司对合作社农民发放信托凭证，作为农民获得土地收益权的一种法律证明。②开办中信兰西农民学校，讲授农技课程，培训职业农民	兰西计划今年在榆林镇辟建万亩国家级现代农业科技创新与集成示范园区地块，将全县的40万亩玉米纳入土地信托化改革，整合34个农机合作社，全程提供农业机械化作业服务；整合省农科院、兰西农技推广中心科技人员全程进行技术服务；对兰西国有粮食收储企业进行整合，发挥谷交所市场资源优势，畅通农产品销售渠道

续表

样板地区	内容	信托机构	主导	信托出资	创新之处	发展预期
江苏省镇江新区丁岗镇	2014年7月开展。丁岗镇集体资产经营管理中心将其持有的1750亩农村土地承包经营权以设立财产权信托的方式委托给中建投信托，中建投信托作为受托人将上述农地经营权出租给镇江森禾花卉园艺有限公司用于花卉种植	中建投信托	江苏省镇江新区丁岗镇集体资产经营管理中心	首期投入不低于1000万元		
黑龙江省绥化市肇东市海城乡	由玉米种植合作社将土地承包经营权委托给信托公司，成立土地承包经营权自益信托；将鱼塘承包经营权委托给信托公司，成立鱼塘承包经营权自益信托；信托公司履行管理职责，将土地和鱼塘出租，所得收	中粮信托	政府	中粮未出资，仅在龙江银行贷款1000万元	为确保信托模式的有效性，在实际操作中，信托公司还与龙江银行肇东支行制定了监控贷款的各项配合措施，如对合作社的资金使用进行监控、通过对代扣卖粮款保证贷款顺利回收、合作社负责人为贷	

续表

样板地区	内容	信托机构	主导	信托出资	创新之处	发展预期
	入作为信托收入分配受益人，并约定将以上信托的收益权全部作为玉米种植合作社在龙江银行肇东支行1000万元农业贷款的质押担保，若玉米种植合作社违约，肇东支行有权处置信托收益权，所得资金用以偿还贷款				款提供担保以防范道德风险等；而且完备了设立信托所需要的各种法律文件和手续，包括但不限于合作社成员大会决议、发包人同意设立信托的文件、在土地流转部门办理信托设立、信托财产登记等	

附录5　小组成员实践报告

小组成员调研报告一：

密云县水漳村农地流转“双合作社”模式调研报告

前言：面对土地融资困境，如何在现有法律制度下“盘活”农村土地，是各地政府密切关心的问题之一。作为北京乃至华北地区首个土地信托项目，密云县水漳村的创新，引起了各界的关注，那么它是如何运作的？实践中又存在什么问题呢？

一、调研基本情况

调研小组成员：李蕊、李林杰、张龄方

调研时间：2014年10月10日；2015年1月20日

调研地点：密云县水漳村；北京市农研中心

调研方法：访谈法

对象：密云县水漳村村委书记杨俊立；北京市农研中心刘睿文

2014年2月，在北京市农研中心的介绍下，北京信托与北京市密云县水漳村签订了“华北第一单”土地信托流转项目，开启了华北地区农村土地流转的新尝试。

二、水漳村的基本情况

水漳村位于北京市密云县穆家峪镇，全村18900亩山地，可利用农地1680余亩，全部由本村圣水樱桃专业合作社经营，种植草莓、樱桃、葡萄和蓝莓高附加值水果。由于前几年投入设施大棚、基础道路、苗木以及引进技术、人工等方面的资金量较大，加之水果还没有产出，合作社扩大再生产资金严重不足，经营困难。土地经营的困境影响到村集体经济的发展和农民收入的增加，村集体分红缺乏收入支撑，近几年甚至不得不借钱分红。村民除获得每亩1000元的流转费外，仅能够在年终得到一些实物分红，大部分农民靠进城或到周边村镇打工养家糊口。

三、选择北京信托的必要性

1. 信托不存在法律上的障碍。现有法律制度中，未允许农村土地承包经营权进行抵押贷款。各地虽有土地承包经营权抵押贷款的做法，但或多或少的存在法律上的风险，因而银行的积极性不高。

2. 贷款的周期长。农业风险大，向银行申请贷款，最长的贷款期限为两年，而水漳村全村1万多亩的山地，与平原地区水稻、小麦的种植不同，山地地区种植果树的前期投入时间长，前期效益不明显，银行贷款困难且还款的压力大。而水漳村与北京信托合作，信托公司向当地注入1800万元资金（考虑到前期已有投入和还款问题，实际上只借用了1000万元资金），还款期限为8年。较长的贷款期限是水漳村选择信托方式的重要原因。

3. 信托的营业范围广，能调动多种资源，促进农业产业链的形成。信托公司依靠其信誉度及信息的丰富性，为水漳村圣水樱桃合作社拓展销路，与北京华联超市对接，直接解决了合作社的销售问题，延长了农业产业链。

4. 信托的业务灵活性强，营业范围广，具有较好发展前景。相对于银行等金融机构来说，信托公司不仅能做存贷，还能在市场中进行投资经营，其融资渠道广，项目多，便于整合。

5. “供需”互补。如前所说，面临发展中的瓶颈，水漳村亟需资金的注入为其农业生产提供动力，当地的领导，村民积极性很高；同时，水漳村土地多为丘陵，基本农田的范围小，便于进行经济作物的种植。而北京市农研中心和北京信托在其他项目中有过合作，农研中心致力于促进北京地区农业的发展，了解到水漳村这种需求之后，与北京信托洽谈，北京信托也想探索农业信托的可行性，三方多次商谈，最终达成一致。

四、信托的现状

水漳村于2014年2月正式开展土地信托经营，前期投入加上信托的介入，资金的注入和与北京华联集团的对接，已形成了较完善的林下经济，樱桃，红薯，草莓，蓝莓等多种经济作物。但截至目前，两合作社还未开始分红。

（一）运作流程

水漳村与北京信托的做法，是一项创新的“双合作社”模式。水漳村1680余亩土地过去分散在一家一户手中，3年前集中流转至村集体土地股份合作社。土地股份合作社作为委托人以土地经营权在北京信托设立财产权信托。之后，北京信托将土地租赁给当地村民发起的“圣水樱桃合作社”（种植合作社前身），合作社社员结合本地资源优势与土地性质，用于葡萄、樱桃、草莓、蓝莓等在内的农业种植经营。

同时，和农业担保公司签订为期两年的担保合同，以村委书记杨俊立本人的财产和信誉担保了其中的500万元资金，剩下的500万元资金，则是以集体的土地承包经营权作担保，每年2‰的担保金。

（二）信托双方的权利义务

签订的信托协议中，土地股份合作社将土地委托给北京信托公司，期限是13年，信托公司将土地租赁给圣水樱桃合作社，按照合同约定比例，向信托公司定期支付超额收益，超额收益按照1∶3∶6的比例向信托公司、土地股份合作社和农民股东分配。

同时，在信托公司与圣水樱桃合作社的协议中约定，信托公司向圣水樱桃合作社注入1800万元资金（实际上只借贷了1000万元），借款期限为8年，用于购买苗木，圣水樱桃合作社的发展和发放给农民的流转费。此外，在信托公司与圣水樱桃合作社的合同中约定，北京信托为圣水樱桃合作社引入北京华联综合超市股份有限公司，打通市场营销环节。圣水樱桃合作社支付给信托公司相应的利息。

五、农民利益的保护与分配

土地是农民的根本，在农村承担着社会保障的角色。因而，进行土地流转，必须关注农民的利益。

（一）失地农民收益来源

在“双合作社”模式下，农民的收益来源于两种途径，即“固定收益”和“浮动收益”。其中，“固定收益”为按每亩每年1000元的标准支付农民土地流转费，同时，流转费标准每三年递增3%；“浮动收益”来源于圣水樱桃合作社收益的分红。

（二）失地农民就业

水漳村现有劳动能力的人400多人，年轻力壮的几乎都外出打工。留在村子里，有劳动能力的多是年长者。圣水樱桃合作社吸收了70多名村民就业，日常园区林木的养护，除草等。这些年长的村民，每月能拿到1000多块钱的收入。

（三）农民入股自愿的协调

农村土地流转的困境之一也在于农户意愿的不统一，农业部要求，土地流转必须坚持自愿有偿的原则。因而，农户意愿之间的协调至关重要。水漳村地区农户收益问题考虑周到，因而农户流转意愿较高，极个别不愿流转的农户，村委会会与之沟通，采取土地承包经营权置换的方式，来解决“成片开发”和部分农户自主权之间的矛盾，实现整体的流转。

（四）流转费的定时发放

每年1000元的流转费用，首先由圣水樱桃合作社支付给北京信托，北京信托直接将流转费用转给农民，保证了农民拿到土地流转费。

六、评述

（一）创新之处

(1) 守住了五条底线。即水漳村在推动土地流转过程中，坚持土地的集体所有制不变、坚持土地的用途不变、坚持保障农民土地权益、坚持土地流转和经营利用依法合规，同时，坚持不允许政府参与其中，即不允许政府作担保，市场归市场，政府归政府，守住了基本的底线。这五个坚持，在三方的合同中被明确记载。

(2) 委托专业的信托公司开展土地市场化运作。即由信托公司凭借市场化经营运作和资源配置能力，以及在风险控制方面的优势，对所委托的土地进行市场化运作，并承担相应的风险，与北京华联集团的对接，延长了农业产业链，解决了农产品销售这一大难题，销售渠道打通，合作社的收益也就有了着落。

(3) 农民未丧失经营权。信托公司将土地租给由村民自发组成的圣水樱桃合作社经营，相对于将农民土地流转之后租赁给公司经营而言（如江津模式），土地的经营权仍在村民手中，村民仍在原有土地上劳作，村民集体拥有对土地的自主决定权，不受外力干扰。

(4) 农民利益保护得当。不仅创新了“固定收益”和“浮动收益”两种方式，还以流转费每三年增加3%的方式适应经济发展的变化，保持农民收入的动态平衡。此外，对于没有分得土地的外嫁女和新出生的人口，也有相应的分红。圣水樱桃合作社超额收益的30%归股份经济合作社，股份经济合作社的分红按照土地股和人头股9∶1的比例进行。也就是说，即使是没有分到土地的本村村民，也能共享土地信托带来的收益。

(5) 良好的监督机制。资金注入之后，如何保证注入的资金发挥应有的效用，“水漳”模式中独创性的规范了监管方式。在资金方面，银监会对这1000万元资金的流出方向进行账户上的宏观监管；日常运营方面，有密云当地的农业合作中心及农研中心下属的经管科对其日常经营进行监管。

（6）风险防范措施。首先北京信托的介入使其市场风险，资金链风险大大降低。其次，对于政策上的风险，三方也在合同中约定遇到土地征用，会优先归还贷款，同时，因有土地承包经营权作担保，信托公司也可在依此获得相应补偿款。

（二）存在的问题

（1）土地股份合作社的合法性问题。土地股份合作社在各个省份也很常见。但相较于其他地区来说，北京目前还没有针对此类合作社的运营制定具体的实施细则，也没有对其进行法律上的登记。因而，在水漳村的土地信托过程中，土地股份合作社首先把土地委托给信托公司，而这个委托合同是由该合作社委托当地村委进行签约，使得其实现方式更为复杂，同时也将村委牵扯到此次融资中来。

（2）信托过程中的担保抵押问题。首先，农业的不确定性太强，农业担保公司基于种种因素的考量，只同意先给担保两年，对于林木经济来说，时间过短。其次，土地的信托融资经营，是水漳村集体村民的共同事务，但在实际操作过程中，却是以村委书记杨俊立的个人财产分担了融资的部分风险，进行担保。

（3）政府的支持。对于北京市农村工作委员会（以下简称农委）来说，其考量的更多的是农村的稳定性问题，因而，对于水漳村的信托融资的尝试，没有一个明确的表态。

（4）农民的契约精神。几千年的小农经济模式，也让中国的农民形成了一种“小农思维。”其最明显的体现便是缺乏信用意识、市场投资风险意识及规则意识。在这种思维的主导下，农户们关心的更多的是收益问题。一旦出现风险，使得这种收益期许得不到满足，农户们不会太在意投资固有的风险问题。这也是农民上访，“集体维权”出现的原因之一。同时也是政府及工商资本对农地融资谨慎的原因之一。

（5）风险防范漏洞。虽有北京信托的介入使其市场风险，资金链风险大大降低，但对自然风险却无措施。该地政府部门在金融政策方面并未给予任何优惠，两个合作社不仅要负担支付农民的土地流转费，还有担保公司的担保金和支付给北京信托的利息费。两合作社社长都是该村村委书记，当发生大规模的自然灾害时，两合作社运行会发生重大困难，如何保证不损害农户的利益，这个问题有待解决。

(6) 是否可以大范围推广。

①北京信托对水漳村土地流转投资只是一个“试水”。水漳村只有1700亩左右的农地，借贷资金只有1000万元，对于拥有14亿元注册资本的北京信托而言，这项投资实在可有可无，主要是想为打开农村土地承包经营权信托流转做一次尝试，选择水漳村是因为其具有的优势。首先水漳村位于密云县，紧靠京郊大地，交通便利，市场潜力大，具有较强的竞争优势和技术优势。其次，水漳村主要为山地，种植林木，果树的附加值高，成本回收较快，信托公司所担风险较小。

②自愿原则是我国农村土地承包经营权流转的基本原则之一，水漳村进行信托的前提是其土地大规模的集中在股份经济合作社。而现阶段我国各地土地流转中，强迫农民流转土地的事情多有发生。能否使农民自愿的流转土地，与当地农民对土地的依赖程度，村干部的工作方法等密切相关。

③对于水漳模式，前面已经说到，截至目前，农委并明确表示赞成此种模式的做法，而农业试点的推广，恰恰是农委的职权。因而，水漳模式能否推广还有待于实践的考量及政策上的指导。

七、相关建议

1. 出台土地股份合作社运行的实施细则。北京市市政府应当尽快出台土地股份合作社运行的实施细则，规范土地股份合作社的运营，为农村土地融资提供操作方式上的指导。

2. 土地确权问题。中共中央办公厅、国务院办公厅印发《关于引导农村土地经营权有序流转发展农业适度规模经营的意见》中指出要推进土地承包经营权确权登记颁证工作。在这个意见的指导下，北京现今有三种确权方式：确权确利；确权确地；确权确股。而对于具体采用何种方式，如何操作，北京市也没有具体的操作标准，对水漳而言，因土地已经集中流转，连片进行整理开发，农业大棚已经建立，因此其更适合“确权确股”的方式。所以，在出台相关政策时，政府应考虑到这种特殊情况。

3. 逐步培育农民的契约精神。随着工业化，市场化，城镇化的逐步推进，农业资源必然的更多的由市场配置，政府进行指导。市场风险不确定，因而必须要培养农民的规则意识，“高风险高收入”的风险意识。基层政府要进行宣传讲解，同时要逐步引导农民参与市场。另一方面，由于农民处于弱势群体的地位，其抵抗风险的能力弱，在培养其契约精神的同时，政府要充分保障农民合法的、应当予以维护的、可以就救济的、不同于市场固有风险的权益。

小组成员调研报告二：

黑龙江绥化市兰西县调研报告

随着农村经济发展，城镇化速度的推进，以及对农业生产规模化机械化的呼唤，我国越来越多的农村选择进行土地流转，而且随着土地流转的优势逐渐显露，进行流转的土地的规模和范围也不断扩大。近几年来，土地信托模式应运而生，中信公司继安徽宿州第一单土地信托项目顺利开展以后，又相继在安徽马鞍山、贵州开阳、山东青州、河南济源、湖北黄冈等地开展土地信托项目，而黑龙江兰西土地信托项目是中信2015年2月新开展的项目，也是目前为止中信做的第七单有关土地信托的项目。为了更加客观了解黑龙江兰西县土地信托项目的发展情况，我们在阅读了很多文献资料后决定进行实地调研，从理论阶段深入到实践阶段，切实反映相关情况。

调研基本情况：

1. 调查目的：了解兰西县土地信托基本情况

发展状况以及发展前景

存在的法律问题与障碍

针对兰西问题提出解决建议

2. 调查人员：李蕊　胡尚博　邢杰　耿雅馨

3. 调研时间：2015年8月31日至9月2日

4. 调研地点：黑龙江省绥化市兰西县

5. 调研对象：兰西县农委安主任、黑龙江省农业科学院、兰西县榆林镇书记、兰西县榆林镇庆丰大葱种植专业合作社董事长李兴全、兰西县振宇玉米种植专业合作社董事长李德明、兰西县村民

基本情况：

兰西县位于松嫩平原的东南部，在哈尔滨大都市经济圈辐射范围内，因为位于呼兰河的西部所以得名，兰西县因种植亚麻而得名，但最近几年因气温升高，亚麻种植地带北移，所以现在不适宜种植亚麻。兰西县幅员 2500 平方公里，辖 15 个乡镇 105 个行政村，人口约 53 万，境内共有 255 万亩耕地。

2014 年 11 月 21 日，中信信托公司、省农科院、哈尔滨谷物交易所与兰西县政府四方签订了《战略合作框架协议》，四方经过多次碰头会商、协调推进，兰西中信公司顺利启动运营。兰西县的土地信托流转项目主要针对的是玉米种植，计划在 2015 年达到 40 万亩。

信托模式：

在坚持土地集体所有制不变的前提下，兰西中信公司引导农民自愿将承包的集体土地委托给合作社经营；合作社受托农民承包地后，经过整理，二次信托给中信信托公司，由中信信托公司对合作社农民发放信托凭证，作为农民获得土地收益权的一种法律证明，农民收益体现为土地固定收益（基本地租）和浮动收益（土地经营收入）。

发展现状：

据悉，兰西从 2014 年 11 月开始实施土地经营权抵押贷款改革试点项目，该项目在全国范围内实施，黑龙江省有四个试点县，兰西是其中之一。据农委安主任介绍，兰西县土地经营权抵押贷款首先得有农民自己提出申请，然后把土地使用证抵押到县经管站，县经管站给农民出具一个抵押证明，农民可凭借这个抵押证明去银行贷款，兰西县参与土地经营权抵押的银行有四家，分别是邮储银行、农村信用社、农业银行以及哈尔滨银行肇东支行。这四家银行在看到农民的抵押证后对其进行考察，因为农民已经持有抵押证，所以这个考察相对宽松，考察通过后就会对其发放贷款。县里出台了《土地经营权抵押贷款指导意见》，政府部

门帮助金融部门保证和维持信贷资金的安全。除此之外，农民也可以自己拿着身份证和土地使用证到直接到农村信用社进行贷款，贷款金额一般在3万元到5万元，兰西县农民目前办理此项贷款的金额已达到8000多万元。在土地信托改革项目介入之前，农民在金融机构贷款相对比较困难，因为考虑到自身利益风险问题，他们贷款更多倾向于“锦上添花”，而非“雪中送炭”，并不能考虑农民是否急需，所以当一系列繁琐的贷款程序下来，农民可能已经过了急需用贷的时间。在中信信托介入后，这一情况有了很大的改善，其中政府部门在为金融机构消除顾虑的这一环节做了大量工作。

在土地确权方面，国家刚刚出台这一政策时，兰西县就开始落实，2007年、2008年就已经发放了90%左右的土地使用证，发放土地使用证主要是依据土地台账，但是由于当时的一些限制条件使得这一制度在实践中出现了一些不足，例如：一是共有人不足；二是未将女方名字登记在册，忽视了妇女的权利。所以在冲突发生时，只能到法院起诉才能解决纠纷。

在偿还贷款方面，兰西县农民以一年为一个借款周期，一般在每年3月、4月借款，第二年2月还款，四家银行当中，邮储银行的利息相对最高，在1分14厘左右，农村信用社在9.7厘左右，利息相对较低的是农业银行，农民贷款在7厘左右，而企业贷款在一般是4厘左右。据我们了解兰西县去年的还款情况非常良好，哈尔滨银行肇东支行去年在兰西只发放了一笔贷款，发放给了临沂合作社，金额是100万元，贷款发放到秋，合作社偿还贷款很积极，还给肇东支行107万元，对此肇东支行非常满意，愿意与兰西县农民继续合作。在这一贷款发放过程中，政府也发挥了很大的作用，为兰西县农民联系到了哈尔滨银行肇东支行，起到了重要的桥梁作用。

由于黑龙江兰西土地信托项目刚刚启动不久，所以一切都处于一个磨合期。不管是农民还是兰西中信公司，都处于一个相互考察了解的时期，所以说土地信托项目还没有正式开始运行，还处于一个过渡时期。不过目前，兰西县各类农民专业合作社发展到1230个，其中种植合作社有892个，种植面积达到200亩以上的种植大户有1147户，家庭农场有643个，还有三家农业龙头企业。现在，全县土地流转已达132.5万亩，200亩以上的土地连片经营面积已达145.3万亩，分别占总耕地面积的53%和57%，规模化已初步形成。据兰西中信公司负责人介绍，为取得农民的信任，主动为农民提供种子，化肥等生产资料，这些在使用时都无需交钱，中信公司愿意给农民提供便利，在农民粮食收获后，再收取化肥的费用。中信公司还在榆林镇展开种子化肥土地试点，为农民免费提供种子、化肥，并在播种时负责提供农机具，还会派遣有农业种植技术的人到田里指导农民如何使用化肥等，农民在这一过程中只负责为庄稼除草这一项工作，待到庄稼长成，兰西中信公司会联系到哈尔滨谷物交易所来地里收购粮食，这个收购在项目成立时便签过协议，哈尔滨谷物交易所承诺用高于市场价的粮食收购价格收购农民的粮食，这样农民就不会存在卖不出粮食的风险，还确保了农民的收益，也成功打造了一条完整的生产销售链。

兰西县土地信托项目不同于其他地方的还有一处，就是创办了农民学校，根据我们的实地调研，我们知道，不同于只在田间地头的理论教学，他们找的培训农民的老师都是有实践经验的农业专业技术人员，他们会在第一时间教给农民专业的种粮知识，比如：如何合理施肥，在什么时候施肥，什么时候需要农药，用量多少，如何防止病虫害等，这些问题都会有专门的人针对不同的地段和粮食作物制定相应的措施，为农民提供专业的知识，合理管理自己的土地，减少资源浪费和不必要的劳动、资金的付出。

发展展望：

由于兰西项目实施刚刚起步，土地信托项目还未能完全开展，所以目前的土地集中主要依托的是合作社，农民将土地先流转到合作社，中信公司为其提供各项支持，项目开始的第一年不收取任何管理费用。

兰西中信公司会为合作社提供的服务主要有以下几项：（1）资金；（2）物资；（3）农机，主要是负责找农机合作社，兰西中信公司设有专门的中信农机局；（4）农技，主要就是为农民测土配方，比如用什么肥料等，黑龙江省农科院参与技术指导，为此，农科院还专门在其他地方挖取农业技术人才针对兰西制定适合的计划；（5）市场销售，主要是粮食的收购，哈尔滨谷物交易所承诺高于市场价收购农民的粮食作物，农民就不用担心销路的问题，保障农民的收益稳定。

据安主任的介绍，兰西的土地信托项目虽未开展，但以后还是会借鉴中信第一单安徽宿州土地信托项目的运行模式。安徽宿州模式主要可以概括为：农民先将土地转包给村，村再流转给镇，镇再流转到区，区政府再与中信信托签署了一份框架协议，就5400亩地委托中信信托，信托公司再委托安徽帝元农业投资作为第三方运营土地，中信信托作为受托人介入经营管理。政府在土地信托项目里面起到一个主导作用，不过不同于安徽宿州模式的是最后一个环节，兰西中信公司会将土地流转给本地的种植合作社经营。这样也有利于保障不改变土地的性质和用途。

根据2015年新的粮食补贴政策，国家对农民的粮食补贴要缩减20%，兰西县政府决定用这20%的资金建立担保基金，用之以民，为农户提供农业设备以及资金的支持，但这一补贴指涵盖到粮食种植，不支持蔬菜或其他。

存在困难以及解决对策：

此次调研除了了解兰西中信公司，我们还深入到合作社，与合作社的负责人了解合作社的运行以及运行中存在的困难和问题。我们走访了兰西县榆林镇林旺村，兰西县榆林镇庆丰大葱种植专业合作社和兰西县振宇玉米种植专业合作社。综合兰西县榆林镇庆丰大葱种植专业合作社的董事长李兴全和兰西县振宇玉米种植专业合作社董事长李德全以及林旺村书记的谈话，我们了解到，在流转实践中主要的困难在以下几个方面：

首先就是资金紧缺，这一项几乎是所有合作社都共同存在的问题，所以这也体现了信托介入土地流转的必要性，信托公司介入土地流转的一大优势就是为农民带来资金支持，不同于银行贷款需要繁琐的手续和很长的周期，信托可以先为农民发放资金，待农民获得土地耕种收益再还款，解决农民的燃眉之急；

其次就是大型农机具，众所周知，东北平原地区土地面积平坦辽阔，连片的可耕种土地也是中国最大的，很适合规模化耕种，现阶段兰西县农民已将部分土地集中到合作社，集体经营耕作，这就方便使用大型农机具进行耕作，但是农民作为生产个体负担不起大型农机具的价格。兰西中信公司在一些试点为其推广农机具的使用，可以极大提高耕作效率，降低生产成本，而现在农民缺少的也是这一项服务，中信信托介入后，可以为农民联系农机具合作社，为两方搭建合作平台，满足农民的迫切需求；

再次是缺少技术人才，农民的经营理念较差，而且随着自然环境的不断变化，有些土地已不适宜古老的耕作方法或者习惯，但是农民对这些知识并不太懂，所以需要专门的实践型技术人才指导其进行改变，找到合适的土地耕作方法，因地制宜才能更好地利用农民自己手中的土地；

最后是农民很迫切的需要政府部门出台相关的政策法规来保护农民的利益，目前国家还缺少对土地股份合作社的登记制度。有些农民更愿意选择将土地入股到土地股份合作社，然后再进行流转，但是现在的法律规范不健全，没有办法切实保护合作社的合法性，使得农民缺乏一种“安全感”，现在农民深切呼唤希望能够使土地股份合作社合法化，要求对其进行登记。所以，政府部门应该制定相关政策法规，规范这一制度，保障农民的合法权益。

黑龙江兰西土地信托融资现状及法律障碍的调研报告

李 蕊

一、引 言

我国农村发展面临两大现实困境：一是作为农村经济血液的农村金融资源供给严重不足，二是作为农民最大财富源泉的农村资源利用不充分。就资金资源而言，“三农”问题一直受困于农村金融供给不足这一瓶颈，就农村资源配置而言，以家庭为单位，小规模细碎化的农地经营方式引致农业生产的低效，滞碍农业现代化的实现。党的十八届三中全会和 2015 年党中央一号文件提出“加快构建新型农业经营体系”，其关键在于农业经营体制机制的创新，而创新的基础就在于农地顺畅流转和融资。

农地信托是基于信托原理以实现农地流转融资为目的，将农地经营权作为信托财产委托给信托机构经营管理实现农地受益权的标准化和凭证化，从而促进了我国农村土地、资金、劳动力资源合理配置。

为维护农民的土地财产权和集体资产收益权，推动“土地流转起来”，解决农民市场能力不足的问题，借助金融机制，增强农民资源配置能力，提高农村土地经营管理效率，自安徽宿州“中国首单土地信托”落地以来，在全国已有中信信托、北京信托等多家信托公司投入到农村土地信托的实践中去。经过对黑龙江省兰西县的实地考察，在兰西中信公司的牵头下，中信信托、省农科院、哈尔滨谷物交易所于 2015 年 2 月 7 日，与兰西县政府四方签订《战略合作框架协议》，使土地信托真真正正落实在兰西县的土地上。

为检验项目实施效果，2015 年 8 月，北京农学院土地流转融资调研小组对兰西县土地信托试点项目展开调查。本次调查的主要任务是：（1）针对兰西县土地信托的基本做法、土地信托方案落实情况以及半年来试点工作的进展情况等进行全面、系统的考察。（2）结合兰西县农业生产的实际情况，分析兰西县开展土地信托的优势和特点。（3）研判兰西县项目实施半年来对当地农村的经济、社会发展、农民生活质量综合发展的影响方式、程度。（4）对项目运行过程中出现的和可能出现的问题进行客观分析并提出建设性意见。

二、基本概述

伴随着新一轮的土地信托制度改革，自 2013 年 10 月以来，北京、安徽、江苏、河南、山东等地陆续与北京信托、中信信托、中粮信托等信托公司携手合作，对农业信托融资进行了有益的探索。

（一）信托模式

兰西县土地信托自实行以来就备受关注，在坚持土地集体所有制不变的前提下，兰西中信公司引导农民将承包的集体土地自愿委托给合作社经营；合作社受托农民承包土地后，经过整理，再次信托给中信信托公司，由中信信托公司向合作社农民发放信托凭证，作为农民获得土地收益权的一种法律证明，农民收益体现为土地固定收益（基本地租）和浮动收益（土地经营收入）。

下面我们通过对比的方式，客观展现兰西县土地信托的特点。

（二）与全国其他土地信托试点地区比较

与之前考察的土地信托试点地区不同，兰西县土地信托有其特殊之处。考虑到这一方面，我们的调研工作必须做出一些调整；而另一方面，也增加了我们考察样本的多样性，为未来农村土地信托制度的推广和改革提供有益经验。兰西县土地信托的特殊性可以归结为以下几点：

（1）兰西县农业生产状况。一方面，兰西县一直是黑龙江省的农业生产大县，面积 2499 平方千米，其中，耕地面积 2165000 亩，占总面积的 57.7％；这使得兰西县与其他试点地区相比更具优势，耕地面积更为广阔，土地连片化程度高，更易开展耕地机械化运作和农业规模化生产。另一方面，与其他多以经济作物为主要作物的土地信托项目不同，兰西县以玉米、水稻、杂粮等粮食作物为主要种植作物。以上两方面的差异也直接造成农作物的耕作方式上以及营销模式上的不同。

（2）人地关系更为密切。在之前考察的土地信托项目中，该试点地区的人均耕地占有量都很低，农民的收入主要来源于外出打工等其他方式，耕地收入只占很小一部分，农民对土地的依赖程度相对较低。但兰西县人均耕地占有量达到十几亩，耕地收入为农户主要收入来源，这使得村民对耕地的依赖程度更高，人地关系显得更为密切。

（3）土地信托运行状况。目前为止，纵观兰西县土地信托的运行情况，后期配套机制已相当完备，且已建立起相关的农业生产和销售机制，但前端的土地流转信托等环节尚处于规划阶段，并未实际运行。因为信托运行环节的缺失，使我们在调查时无法对兰西县土地信托项目的实际运行情况有一个全面、整体的评估。

三、基本情况

针对该项目的特殊性，我们在调查时做了一些调整，在侧重对项目运行的事中评价的同时，兼顾对项目尚未实际运行环节的预测评价和探索。就内容而言，兰西项目调查报告包括四个方面：第一，客观分析兰西县开展土地信托项目的优势；第二，准确描述项目的实际运行情况；第三，分析项目运行中已经或可能出现的问题，以及面临的困境和障碍；第四，为兰西县土地信托未来的发展提出可行性规划以及改进建议。

为了实现上述调研目标，调研小组在对兰西农地信托试点项目进行评价时，严格遵循以下基本原则：第一，客观性原则，即坚持以客观事实为依据，基于掌握与项目有关信息进行理性判断。第二，中立原则，即为求对所要评价的项目保持中立态度，对与项目相关的组织与个人保持中立态度。第三，综合性原则，鉴于项目涉及范围广，实施主体众多，关系农民切身利益，采用文献研究方法梳理既有的十个农地信托项目，并与之前所调查的全国土地信托数据进行比较，尽可能全面反映项目的绩效情况。

四、进展情况

结合实地调研考察和理论分析研判，对兰西县土地信托目前的实施效果进行初步评价，调研组认为自签约以来，项目如期开展，进展顺利。具体进展如下：

（1）初期信托资金到位，利用金融优势实现经营模式升级。兰西县依托中信信托突出的资金优势和强大的支撑作用，积极动员和引导农民组建合作社，推进家庭农场、种植大户等经营主体向合作社转型升级，构建“连乡、整村、整屯”推进土地规模经营新模式。力争到年末，合作社达到1380个，流转土地170万亩以上，规模经营土地200万亩。

（2）以点带面，逐步实现土地信托化。开展信托试点工作。经过严格筛选，信托公司从1000多家农业合作社中选出了15家合作社（耕地面积1000亩以上且连片375亩以上），开展试点工作。①为合作社发放资金，突破资金瓶颈。与信托公司签订农业订单，信托公司为合作社发放贷款428万元。②推广新型化肥，提高农业产量。兰西中信公司与化肥生产厂合作，直接投资生产优质化肥，并向15家合作社赊销化肥819吨。③提供先进生产技术。兰西中信公司与农科院合作，在耕地上开辟实验田，由专业农技人员提供技术保障，推广种植改良农作物。④实现农业机械化生产。与农机合作社联系，为了实现农业的机械化、规模化生产，计划在土地上开展大机械化作业。以农业合同关系为依托，通过“资金＋化肥＋技术＋农机”的方式逐步与15家合作社建立更加密切的联系，并通过试点工作初步取得其他合作社的信任，为土地信托推广打下良好的基础。

（3）建立土地信托服务平台，实现农业资源优化整合。中信兰西土地信托公司（简称“兰西中信公司”）设有专门农业服务部门，利用自己渠道资源优势，与相关的肥料公司、农机合作社合作，负责提供资金、农资、农机等服务工作。充分发挥兰西中信公司的中介作用，搭建农业生产服务平台，统筹整合资源力量，创新农业服务机制，为合作社农业生产提供全方位、立体的农业生产服务。

（4）兰西中信公司与农研中心合作，为农业生产提供农业生产技术服务。兰西中信公司主要提供两个方面的农业技术服务，一方面，为农户提供测土配方，改良土壤，提高土地肥力。另一方面，为村民农业生产提供技术指导，包括与黑龙江省农科院合作，引进专业的农技人员提供技术服务，邀请无土栽培方面专家为其提供技术支持。通过科技带动农业转型，从而提高农业产量。

（5）实现与谷物交易所合作，提供销售渠道支持。兰西中信公司将谷物合作社引入到兰西信托项目中来。谷物交易所可以通过农产品期货的方式将农产品销售出去，通过谷物交易所实现了市场要素和农业生产的有效结合，创建完善的农产品销售链条，为农业生产提供销售保障。

（6）建立农技培训机构，全面提高农民农技素质。兰西中信公司通过与农科院合作，组织流转土地的农民进行专业农业技术培训，由具有丰富农业实践经验的专业技术人员向农民传授科学的种植知识，以此提高农业合作社的专业化水平，提高农业生产效率。同时为农户提供一技之长，提高农户综合素质，切实保障农户发展权。

（7）成立兰西中信公司，为兰西县土地信托引入市场化的管理机制。中信信托为了更好的保障兰西县土地信托项目的运行，与兰西县政府合作在兰西县成立的兰西中信公司，负责兰西县土地信托项目的日常运营。中信信托通过设立公司，为兰西县土地信托引入市场化的企业管理模式，在提高土地信托管理效率的同时，也推进兰西县农村经济朝市场化的发展方向。

五、土地经营权抵押贷款

土地经营权抵押是兰西县试行的另一种土地流转融资模式，经过几年的推行已经在兰西县获得一定成效。通过对土地经营权抵押模式成功经验的研究，可以为土地信托模式的推行提供有益的指导。

（一）土地经营权抵押贷款概况

兰西县土地经营权抵押贷款主要经过“农民申请—土地使用证抵押

经管站—县经管站开具抵押证明—农民凭抵押证明向银行申请贷款”四个环节，银行通过对土地审核后即可向农户贷款。另外，农民也可以凭身份证明和土地使用证直接到农村信用社进行贷款，贷款金额一般在 3 万元到 5 万元。目前，兰西县农民办理的此项贷款的金额已达到 8000 多万元。通过土地经营权抵押的方式，一方面，帮助农户突破资金瓶颈。另一方面，也拓宽了融资渠道，实现了农业金融化发展。纵观土地经营权抵押的全过程，其成功主要应归功于以下几点。

第一，合作社等新型经营主体的建立，不仅将原本零散的土地集中一起形成规模，而且提高了抵御农业经营风险的能力。在政府的积极推动下，兰西县各类农业合作社规模逐步扩大，流转土地面积达到 235 万亩，通过这种集中流转实现土地集中的方式，有利于实现土地的规模化生产。此外，以农业合作社作为贷款主体，提高了信用度，也降低了银行的贷款风险，从而提高了银行的贷款积极性。

第二，政府在土地抵押权贷款中起到了积极的促进作用。其作用主要体现在以下几个方面：

(1) 引进多家融资机构丰富了金融主体多样性。通过政府的不懈努力下，兰西县先后引进了哈尔滨银行等十余家银行，在为农户提供多样化的贷款选择的同时，也使各银行之间形成了良性竞争，提高了金融服务质量。通过银行等金融机构的参与，实现了金融要素和农业市场的有效对接，拓宽了融资渠道。

(2) 政府充当农民的隐形担保第三人。一方面，银行是以盈利为目的，存在债务风险，银行就不能放心放贷；另一方面，无人进行担保农民就得不到贷款，在这种两难的困境下，由政府介入充当担保人的角色，就有效减轻了贷款风险。政府在整个土地经营权抵押过程中，承担土地数量审核，盖章，出示证明，收取土地使用证件等多种职责，并向银行承诺，农民若不能如期还清贷款，政府会以土地优先流转的方式，用来偿还农民贷款，并会配合银行讨回欠款。政府的一些列担保措施，也使得银行减少了一部分后顾之忧。

(二) 与土地信托模式比较

虽然土地经营权抵押贷款的方式有诸多优点，与之相比，土地信托仍具有其独特的优势，具体归纳为以下几点：

第一，土地信托资金发放及时，资金利用率高。在土地经营权抵押贷款中，银行出于自身利益风险的考虑，准入门槛相对较高，程序审核相对复杂，他们贷款更多倾向于“锦上添花”式贷款，而非“雪中送炭”式贷款。这样就会直接带来两方面的问题：（1）准入门槛过高，使信用度低的个体农户很难获得贷款资格，资金投放普及率相对较低。（2）审核流程过于烦琐，贷款周期长。而农业耕作周期相对固定，一旦贷款发放不及时，可能错过农忙期，无法发挥资金全部的效用。相比较而言，土地信托资金准入门槛低，流程简便，贷款周期短，资金发放及时有效，这提高了资金的利用效率。

第二，土地信托风险管控机制相对健全，整体风险较低。在土地经营权抵押中，农业贷款风险系数大，风险管控机制不健全，导致农户，银行甚至政府三方都承担着极大的风险。土地信托制度中的风险管控模式则相对健全，对于三方的利益都有一定的保障：（1）对农户而言，构建“固定收益＋浮动收益”的收益模式，对农户的收益权有了更加全面的保障。（2）对信托公司而言，信托公司为主要的风险承担者，但其依靠强大的金融实力和完善的风险管控机制，也在一定程度上有效地规避了风险。（3）对政府而言，在有了明晰的风险划分和承担机制后，政府可以及时地从中抽离出来，实现政府角色的重新定位和职能的重新划分。

第三，在实现资金服务的同时，为农民生产提供技术服务援助。土地经营权抵押中，主要为农户提供的主要是资金上的援助，而土地信托则采用“资金＋管理”双信托的模式，提供资金和生产技术双方面的服务和援助，促进资金和技术共同推动兰西县农业生产发展。

六、兰西县开展土地信托的几点优势

（1）创新农业生产经营主体，农地集约化程度高。兰西县通过开展干部联乡搞宣传工作，并且出台相应的政策支持，积极组织创立新型经营主体，在县政府及村民的共同努力之下，兰西县农业经营主体规模逐步增大，现兰西县各类农业合作社发展到 1230 个，包括种植合作社 892

个，种植面积在200亩以上的种植大户1147户，联合经营体167个，家庭农场643个。通过加快农业经营主体创新发展，以农业生产组织化、规模化、集约化的方式推动农业现代化。同时，这些新型农业经营主体也为未来土地信托实现规模化经营，获得规模化效益打下了良好的基础。

（2）农地确权化程度高，土地权利明晰，有利于土地信托制度的开展。在土地确权方面，兰西县是黑龙江省土地确权试点县，仅至2008年前后就已经发放了90%左右的土地使用证，发放土地使用证的主要依据是土地台账，以确保农民土地权利明晰。在为兰西县土地经营权抵押提供凭证的同时，也为未来信托登记提供了方便。除此之外，农地确权也是土地凭证化的基础。

（3）政府创新农业支持保护政策，为土地信托开的展创造了良好的政策环境。从土地确权到土地经营权抵押贷款，兰西县政府一直致力于农地流转融资制度的改革。同时，县政府还采取一系列的支持保护政策来促进农业规模化生产，包括设立专项资金扶持生产主体，建立奖励机制，引导社会资金投资农业等政策。政府的支持和保护也使土地信托的推行避免了政策风险。

（4）建立土地经营权流转平台，形成由县到村的完整土地流转体系。利用农业服务电子网络，建立并运营农村土地经营权流转电子交易平台，县级地区成立了土地流转办公室，乡镇地区成立土地流转服务站，实现土地流转信息与规模经营主体需求衔接，仅2015年，便已成功流转43.8万亩土地。公平公正、合理合法。完善的制度设计，为土地信托提供了便捷的土地流转渠道，同时也解决了土地流转中信息不对称的问题。

七、兰西县土地信托面临的问题与困境

（1）土地确权有疏漏，土地权利并不明晰。兰西县虽然开展了土地确权工作，现兰西县土地确权率已超过90%，但土地确权工作仍有些细节需要完善：①确权过程中，缺少对相关收益人的登记。兰西县现只对土地承包经营人进行确权登记，而并没有对相关收益人进行登记，土地权利人的不明晰，会对未来土地凭证化造成困难。②土地确权缺少明确

的坐标指示。我国对土地确权工作的指示，土地要确权到地，但因为现在兰西县土地确权没有明显的坐标，导致在实际工作中，很难对各家各户的土地做出十分明晰的划分，这也为土地信托中的土地价值评估、土地凭证化等工作造成不便。

（2）兰西县土地信托面临一定的法律问题。兰西县土地信托仍处于起步阶段，项目的前端设计还不健全，兰西县目前计划借鉴安徽宿州模式，但其中有几个法律障碍需要克服：①安徽宿州在土地流转时采取了由村到乡再到镇的政府层层流转方式，根据《土地承包法》规定：土地流转的对象必须是具有农业经营能力的主体，政府作为行政主体是否有资格成为土地流转的对象。②按照政府承诺，一旦出现欠款需要追偿时，政府会动用刑侦部门进行追偿。但贷款担保本质上就是一种民事财产关系，公权力的公然介入，违反了民法上的私法自治原则。③政府以什么财产进行担保。政府承担担保职责，要以什么财产进行担保？政府有没有资格以政府资产进行抵押？这样是否会造成政府资产流失？

（3）资金投入大，资金到位率低。兰西县农地面积大，决定了中信信托公司前期必须投入大量资金，以带动土地生产规模化，同时农业生产特点也决定了这部分资金投入必须是长期的。资金投入大，时间长。另一方面也延长了资金链条，使信托公司面临资金链断裂，陷入资金困境的风险。正是因为有这些顾虑和风险的存在，使兰西县土地信托项目资金到位率差。没有大笔资金投入就无法开启整个土地信托项目链条，这也是导致目前兰西县土地信托项目进展缓慢的主要原因。

（4）信托公司面临信任问题。正如前文所述，兰西县有超过半数的村民是以耕种收入作为家庭主要收入来源，人地关系十分紧密。信托公司一旦进入，二者思想观念上的差异，会不会使人地关系变得紧张，激化人地矛盾？如何打破信托公司和村民之间的信任坚冰，确保土地信托稳步推行，是信托公司面临的另一大难题。

八、对兰西县土地信托项目的建议

（1）改革政府土地确权工作，实现土地确权不确地。目前农村耕作更多是凭借经验和习惯对土地进行划分，这使各户之间耕地界限十分模糊，也使政府在土地确权过程中引发很多民事纠纷。笔者认为，“确权确股不确地”应该成为未来兰西县土地确权工作的发展方向。确定本村村民人数，然后将本村全部土地均分到个人，以土地入股形式入股合作社。有效保障确权公正，降低确权难度，同时实现土地确权与土地凭证化的有效衔接，为土地凭证化提供便捷。

（2）实现农业合作社等农业经营主体股份制改革，合理实现农地“三权分立”，保障收益的科学分配。现兰西县土地流转多采用转包形式，农民仅能获得每亩最高700元的转包费，根本无法满足农户的生活需求。通过农业合作社股份制改革，允许农民以土地经营权入股合作社，能带来的好处有三：①促进实现农业经营主体的优化升级，成功将市场机制和运作模式引入到农业生产经营中去，推动了农业生产的市场化。②科学实现农地“三权分离”，盘活了土地资源。土地经营权入股合作社在保证土地用途和农地集体性质不变的基础上，实现土地所有权、承包权、经营权的分离，促进土地资源的优化配置，提高土地利用率。③充分保障农民收益权，农户可以按股份获得农业收益。通过设立浮动收益，提升农户的收益空间，提高农户的生活水平。

（3）进行土地信托试点，政府提供政策支持。鉴于现在土地信托难以在兰西县全面展开，可以选择部分耕地进行土地信托试点，一方面探索适合兰西县发展的土地信托模式，另一方面通过试点工作的开展，发挥其一定的宣传作用。此外，为进行土地信托的农户提供政策支持，为进行土地信托流转的农户优先提供就业生产安置，为进行土地信托的合作社提供政策补贴和相关的农业生产服务。

（4）各方协同，共同建立统一完善的土地信托监督机制。土地信托的有效运行离不开完善的信托监督机制。针对兰西县实际情况，一方面，建立自治性的监督机制；另一方面，尽量集中统一行使监督职权，避免出现“政出多门”的现象。完善的监督机制需要政府、信托公司以及农业合作社三方协作：①依托现有农业合作社网络，建立协会性质的自治机构。兰西县有1230余个农业合作社，已初步形成了农业合作社网络，通过政府组织，各合作社联合成立一个行业协会性质的机构，通过合作社之间相互监督，充分发挥行业自治作用。②政府适度行使公权力，充分履行信托的监督作用。政府通过对土地流转、信托等环节的把控和监督，对土地信托的运行状况进行监督。③建立信托信息公开制度。农业合作社通过土地流转网络平台，将土地和资金的使用状况定期公布。

（5）建立消费信托平台，将农资企业纳入到消费信托框架中去。现兰西中信公司为开展全面农业社会化服务，与肥料厂合作投资生产优质化肥，但笔者认为，这样的方式并不利于信托公司的发展。一方面，农资服务与信托工作的金融职能并不匹配；另一方面，投资农资领域增加了其物力财力投入。所以笔者认为，信托公司更应该发挥其信托平台的作用，通过消费信托的模式，由农业合作社作为消费者，利用信托公司作为中介，将农资公司提供的农业资源，例如化肥、种子等，设计成为消费信托产品。既实现了为农业生产提供服务的初衷，又实现了自己的金融服务职能，在完善农业生产社会化服务同时，扩展融资渠道，实现了农业生产与农业金融的有机结合。

（6）政府指导成立合作社协会，协助开展农业生产经营及信托服务。目前，为适应兰西县多家农业合作社并存的现状，兰西县政府可指导成立农业合作社协会，这对于未来兰西县土地信托的发展有很大帮助，其优势有以下几点：①有利于协会内部对农业合作社的管理。建立农业合作社协会一方面可以充分发挥协会内部自治的作用，另一方面也更加利于政府对农业合作社整体监管，形成有效的内部管理机制。②改变了农民在土地信托合作关系中的弱势地位。原来的农业合作社较为分散，当单个的合作社直接与信托公司对接洽谈时，两者在自身实力和信息流通等方面都处于不对称的位置。如今，建立合作社协会，提高了农民地位，增强了农户在谈判中的话语权，切实保障了农户权利。③依托合作社协会，建立土地流转机制。由合作社协会建立土地流转股份合作社对土地进行流转，更有利于对土地的管理以及对农民在土地流转中利益的保障，同时提高信托服务质量。

九、兰西县土地信托模式探索

现今兰西县土地信托在制度层面面临的最大困难就是制度前端设计尚未成型，导致土地信托迟迟无法推进。到底什么样的土地信托模式最为合适，一直是困扰兰西县的问题，在此我们为兰西县政府提供了一份制度设计，希望以此帮助兰西县突破制度瓶颈：

通过对在全国开展的几十单土地信托项目的调查中，我们发现土地流转模式是多种多样的，但比较而言，其中较为完善的两种模式分别是政府主导模式和双合作社模式。两种模式各有利弊：政府主导模式依托政府强有力的保障，确保土地流转的良性运行，但此模式下会产生一定的法律问题和冲突。与政府主导模式相比，双合作社模式避免了政府的介入，完全依靠市场运行，由已成立的土地股份合作社对土地进行集中流转，但毕竟农民自身力量有限，兰西县如此大规模的土地流转仅仅依靠他们的力量能否进行还有待考察。

结合兰西县农业耕地规模大，集成化程度高的实际情况，采用政府指导模式更有利于土地流转的实际运行，但如何避免出现政府干预过多，滥用职权的现象呢？笔者认为，可以采用“农协＋政府指导”的模式，由农业合作社组成的农业合作社协会在政府指导下成立土地流转机构，其优势有以下几点：(1) 先由农民将土地流转给农业合作社，再由农业合作社流转到农业合作社协会，最后进入农协成立的土地流转机构。通过这种层层推进的土地流转方式，解决了耕地面积大，较为分散的问题，在一定程度上减轻了实际操作难度。(2) 农业生产合作社代表农民的利益，在推行过程中可以充分尊重农民的意愿，保护农民权益。(3) 政府公权力的适度介入，确保了土地流转的正常运行，同时，土地的有效集中也在一定程度上方便了政府对土地进行监管。

附　录

兰西农地流转融资现状调查问卷

尊敬的农民朋友：

您好！我们是北京农学院农地流转融资调研组。

本次调查的目的是希望能够向您了解有关农村居民农地流转融资现况，为政府完善农地流转融资立法，发展农业生产，提高农民生活水平提供参考。希望能够得到您的支持和协助。您的填答资料将作为农村土地流转融资中农民群众的代表性意见被郑重对待，因此请您务必根据自己的真实情况如实填答。在填答问卷时，直接填写答案，答案无对错之分。请您在符合您的选项处画“√”，无须署名。所有资料将按国家《统计法》严格保密，因此不会对您造成任何不利影响。

真诚感谢您的支持和配合！

问卷采集人________

调查地区：________省________市________县（ ）________乡镇（ ）________村

调查时间：________年____月____日

被调查人性别：男（ ） 女（ ）

您的年龄：18～30岁（ ） 30～40岁（ ） 40～50岁（ ） 50～60岁（ ） 60岁及以上（ ）

文化程度：小学及以下（ ） 中学（ ） 高中（ ） 大专（ ） 本科及以上（ ）

您的职业：农业劳动者（ ） 个体工商户（ ） 私营企业主（ ） 外出务工人员（ ）

在当地打工人员（ ） 其他________

第一部分 农户基本情况

1. 您家家庭成员数量________人，其中劳动力（18～60周岁身体健康）数量________人

2. 您家承包土地数量________亩

3. 您的家庭年收入为________

A. 1万元以下　　B. 1万～3万元

C. 3万～5万元　　D. 5万～10万元

E. 10万元以上

4. 您家庭收入的主要来源为________（可多选，请按重要程度由大到小排序）

A. 土地耕作　　B. 自己经营小本生意

C. 企事业单位　　D. 在本地打工

E. 外出务工　　F. 自己创办企业

G. 土地、房屋租金　　H. 补贴、救济

I. 养殖　　J. 其他________

5. 家庭的主要支出有哪些方面________（可多选，请按重要程度由大到小排序）

A. 子女上学　　B. 修建房屋

C. 医疗支出　　D. 子女婚嫁

E. 人情往来　　F. 购买生产资料

G. 生活支出　　H. 其他________

6. 您对国家土地相关法律政策了解吗？________

A. 非常清楚　B. 了解　　C. 略知一二

D. 从未听说（如选D项，请直接回答第二部分）

7. 以下关于农业的法律政策您了解的有________（可多选，请按重要程度由大到小排序）

A.《中华人民共和国农业法》

B.《中华人民共和国土地管理法》

C.《中华人民共和国农村土地承包法》

D.《土地承包经营权流转管理办法》

E.《土地登记办法》

F.《中华人民共和国农业保险条例》

G. 农业补贴政策

H. 退耕还林政策

I. 其他________

8. 您所在省市是否出台农村土地流转融资地方法规政策________（可多选）

A. 没有　　B. 不知道

C. 农地抵押政策　　D. 农地入股政策

E. 农地存贷政策　　F. 农地信托政策

G. 其他________

9. 您对国家农村土地流转融资法律政策满意程度________

A. 非常满意　　B. 比较满意

C. 不太满意　　D. 非常不满

E. 不知道

10. 对农村土地流转融资法律政策希望做以哪些下改进________

A. 立法允许土地承包经营权抵押

B. 切实保障农民在土地承包经营权流转中的权益

C. 有效约束村委会的权力

D. 其他________

第二部分　土地流转基本信息

11. 您家是否进行过土地流转________

A. 是　　B. 没有（如选 B 项则跳到第三部分回答）

12. 您家农地流转后的主要用途是________（可多选）

A. 工程建设　　B. 种植农作物

C. 果园苗圃　　D. 畜禽等养殖

E. 场地（砖厂、堆料场、停车场间、歇性集市等）

F. 其他________

13. 您家土地流转的方向________

A. 转出　　B. 转入（选 B 项请跳到第 20 个问题继续回答）

14. 您家转出土地的原因是

A. 无力耕种　　B. 不愿耕种，收入太低

C. 急需一笔收入　　D. 村委会引导

E. 村委会强制　　F. 流转对象上门洽谈

G. 其他________

15. 您家转出土地采取的流转形式

A. 转包　　B. 转让
C. 出租　　D. 互换
E. 反租倒包　　F. 入股
G. 无偿借用给他人　　H. 其他________

16. 您家转出土地的对象是________（可多选）

A. 其他农户　　B. 企业
C. 村集体　　D. 合作社等合作组织
E. 其他________

17. 您家转出土地的期限为________（如多次转出土地，请取平均值）

A. 1 年　　B. 1～5 年
C. 5～10 年　　D. 10 年以上

18. 您家转出土地的数量________亩/年

19. 您家通过耕地流转每亩每年获得的收益是________元/亩（如多次转出土地，请取平均值）

A. 0～200 元　　B. 200～600 元
C. 600～800 元　　D. 800～1000 元
E. 1000 元以上

20. 您转出土地希望得到的合理收益是________元/亩

21. 您家转入土地的期限为________（如多次转入土地，请取平均值）（如在 13 题选 B 项得请回答第 21 题和 22 题）

A. 1 年　　B. 1～5 年　　C. 5～10 年　　D. 10 年以上

22. 您家转入土地的原因

A. 劳动力过剩　　B. 经营农地效益高
C. 受亲朋好友的托付　　D. 其他________

第三部分　农村融资基本信息

23. 您家近五年是否有借贷资金的需求________

A. 是
B. 否（选 B 项请跳转至第四部分政府行为部分回答问题）

24. 您家近五年是否有借贷资金行为________

A. 是

B. 否（选B项请跳转至第33题及第四部分问题）

25. 您家借贷资金的主要用途________

A. 子女教育　　B. 就医治病

C. 建房　　D. 生产

E. 婚丧嫁娶　　F. 其他________

26. 您家获得借贷资金的方式________（可多选，请按便捷程度由易到难排序）

A. 从亲戚朋友处借款

B. 从商业银行、信用社等金融机构借款

C. 民间放贷者

D. 资金互助社、村镇银行、贷款公司

E. 政府项目

F. 非政府组织

27. 您家借贷资金担保的方式________

A. 第三人保证　　B. 抵押、质押

C. 无担保　　D. 其他________

28. 您家借贷资金的期限________

A. 6个月以下　　B. 6个月～1年

C. 1～5年　　D. 5年以上

29. 目前您家借贷资金的金额________元；累计借款数目________元

A. 1万以下　　B. 1万～3万

C. 3万～5万　　D. 5万～10万

E. 10万以上

30. 您家借贷资金的利息是________%

31. 您家获得借贷资金的难易程度为________

A. 非常容易　　B. 容易

C. 一般　　D. 困难

E. 非常困难

32. 您认为在借款过程中遇到的主要困难是________（可多选，请按困难程度由大到小排序）

A. 银行贷款额度不足　　　　B. 抵押不足

C. 找不到担保人　　　　D. 银行和担保机构服务意识差

E. 贷款利率和费用高，无法承受

F. 手续烦琐

G. 其他________

33. 您家是否采用土地融资________（可多选）

A. 否　　　　B. 土地承包经营权入股

C. 土地承包经营权抵押　　　　D. 土地承包经营权信托

E. 其他________

34. 造成您有需求但没有对外融资的原因是________（如第 24 题选 B 项的请回答此问题）

A. 不知道去哪里借款　　　　B. 借款对象不同意借

C. 利息难以负担　　　　D. 其他________

第四部分　政府在土地流转融资中的作用

35. 您认为在土地流转融资中，政府发挥了何种作用________（可多选，请按重要程度由大到小排序）

A. 土地流转融资政策宣传

B. 提供土地流转融资信息

C. 建立土地流转市场

D. 推进土地流转融资机构平台建立（如土地合作社、土地银行）

E. 规范土地流转合同

F. 监督与管理

G. 完善农村社会保障体系

H. 健全农业保险

I. 其他________

36. 您认为政府目前就土地流转融资提供的服务完善吗？

A. 很完善　　　　B. 比较完善

C. 一般　　　　　　　　D. 不完善

E. 很不完善

37. 您认为在土地流转融资中，政府在哪些方面应该改进________（可多选，请按重要程度由大到小排序）

A. 出台土地流转融资法律政策

B. 相关法律政策宣传

C. 土地流转融资信息提供

D. 土地流转融资市场建立

E. 推进土地流转融资机构平台建立（如土地合作社、土地银行）

F. 强化监管

G. 完善社会保障体系

H. 就业安置

I. 健全农业保险

J. 其他________

38. 目前，您都享有哪些保障________（可多选）

A. 新农村合作医疗

B. 养老保险

C. 商业医疗保险（从保险公司购买）

D. 最低生活保障、五保供养、特困户救助、扶贫救助等农村社会救助

E. 其他________

39. 您认为在改善农地流转融资环境方面，哪些主体起决定性作用________（可多选，请按作用大小排序）

A. 农户

B. 中央政府

C. 地方政府

D. 银行等金融机构

E. 农业企业和农业经营大户

F. 村委会

G. 农民专业合作社

H. 专门的农地流转融资平台机构（如土地合作社、土地银行）

40. 关于农村土地流转融资方面，您最希望政府部门做的一件事是______________________________

衷心感谢您的大力支持与配合！

老年人精神赡养法律对策研究

学　　生　李希诺

指导教师　佟占军

摘　要： 我国作为进入老龄化社会的发展中国家，物质生活的富足促使老人（特别是城市老人）的精神需求逐渐大于其物质需求。但福利制度的不完善，又使得我国老人精神赡养面临着严峻的挑战。本文首先结合理论界的观点，探讨精神赡养的概念及特征，然后通过分析《中华人民共和国老年人权益保障法》（以下简称《老年人权益保障法》），总结老年人精神赡养存在的法律问题，最后在借鉴欧美和亚洲精神赡养相关制度的基础上，提出以下四个方面的法律建议，包括：精神赡养双方的范围、精神赡养义务人的法律责任、精神赡养的解决途径（调解优先）及赡养义务人拒不履行赡养义务的解决措施（设立陪老服务），从而完善我国老年人精神赡养制度。

关键词： 老年人　精神赡养　老龄化

前　言

人口老龄化作为社会发展的必然阶段，现如今已成为世界各国普遍关注的热点问题。按照联合国的标准，如果一个地区或国家60岁以上老人达到总人口的10%，65岁老人占总人口的7%，即该地区或国家视为进入老龄化社会。❶ 目前世界发达国家已全部进入老龄化社会。而中国作为经济发展较迅速的发展中国家之一，也已经在20世纪末进入了老龄化社会，是较早进入老龄化社会的发展中国家之一。❷

---

❶ 国家统计局.2015年中国总人口数量达136782万人65岁以上老龄人口占10%［EB/OL］. http://www.mnw.cn/news/china/844094.html，2015-03-30.

❷ 中国进入老龄化社会的思考［EB/OL］. http://wenku.baidu.com/link?url=VLLRhwxNAA6dNbAPtFjmXlk_9MU1gBFFrAhm6QEkIywER-jcEFRpY_iC-ZSh2ECjVuyZ0iffSqZ-ymkg5mHD6twLDdf8N0DSRk1PHmqKP87i，2015-05-15.

我国作为目前世界上人口总数最多的国家，其老年人口总量是全球老年人口总量的1/5。截至2014年年末，中国60周岁以上老龄人口达2.12亿，65周岁以上老龄人口达1.37亿。❶ 而据《中国老龄产业发展报告（2014)》显示，从2013～2100年，中国老年人口总数一直呈上升态势。❷ 全国老龄工作委员会办公室发布的《中国人口老龄化发展趋势预测研究报告》也认为："二十一世纪的中国将是一个不可逆转的老龄社会。"❸ 可以说，我国老龄化不仅是其自身需要解决的问题，更关系到世界老龄化进程的发展。

马斯洛根据人的需求不同，提出马斯洛需求理论，该理论将人的需要分为五个层次："即生理需要、安全需要、归属与爱的需要、自尊的需要及自我实现的需要。"❹ 当低级需要得到满足后，较高级需要才会逐渐显现。老年人作为老龄化社会的重要组成部分，自然也会对这五个层次产生一定需求。自2001年加入世贸组织后，我国经济水平开始迅速提高，社会保障体系不断完善。在这一过程中，我国老年人的物质生活和需求得到了极大满足，他们的精神需求开始不断扩大。因为老年人作为我国社会的主要群体之一，其生活状况与我国社会稳定有着密不可分的关系，所以必须解决好老年人精神赡养问题，如果不解决或解决得不好，不仅影响到老年人的合法权益，也影响到社会的和谐稳定。而法律作为社会发展的重要保障，如何用法律的手段切实维护老年人的精神赡养权益，已经成为我国当下无法回避的重要课题。

在学术界，目前已经有较多理论界和实务界的学者对老年人精神赡

---

❶ 国家统计局.2015年中国总人口数量达136782万人65岁以上老龄人口占10%［EB/OL］. http://www.mnw.cn/news/china/844094.html，2015-03-30.

❷ 百度文库.2014年《老龄蓝皮书》【报告精读】［EB/OL］. http://wenku.baidu.com/link?url=9eJ1oqW6HoVwdk62sOn6W8Wy1sYypRu4yMO3I4a6NoZUk-PGBz214Lnzk3_6LJcr34bvIsx35pk9oB65FaYuhG-cfaU-pPSV6XaoNRtUQRq，2015-03-30.

❸ 肖游.《中国人口老龄化发展趋势预测研究报告》发布［J］. 人权，2006(2).

❹［美］马斯洛.动机与人格（第三版）［M］. 许金声，等，译.北京：中国人民大学出版社，2007.

养问题进行探讨研究，并且提出合理完整的研究结论。本文首先通过探讨老年人精神赡养概念，分析老年人精神赡养特征，然后通过研究分析《老年人权益保障法》中的相关内容，找到目前老年人精神赡养存在的法律问题，最后按照理论与实践相结合的办法，通过与国外精神赡养相关理论和制度进行比较借鉴，对我国老年人精神赡养法律制度的完善提出一些建议。

一、老年人精神赡养概述

（一）精神赡养的概念

目前关于老年人精神赡养的法律依据主要是《老年人权益保障法》，该法 2013 年最新修订版第 14 条第 1 款规定："赡养人应当履行对老年人经济上供养、生活上照料和精神上慰藉的义务，照顾老年人的特殊需要。"我国目前虽然还没有明文规定"精神赡养"的概念，但确在法律中明确体现了赡养的精神层次：精神上慰藉并照顾老人的特殊需要。

一些法学学者和实践工作者根据社会需求，对"精神赡养"进行了大量的研究，但法律上并没有因此对"精神赡养"给出明确的定义，国家机关和司法部门也没有给出一个权威性结论，同时社会大众也没有对"精神赡养"的含义和特征形成一个系统性的认识。因此笔者认为，要想真正了解"精神赡养"，应当从认定"精神赡养"的含义和特征入手，真正弄清楚"精神赡养"存在的问题是什么及如何解决这些问题。

根据现存的理论性研究，理论界学者对"精神赡养"之含义提出了不同的看法，主要包括以下三种：其一，"精神赡养是赡养义务人对被赡养人在感情、心理等主观方面给予关心，使被赡养人得到精神上的慰藉。"[1] 其二，"精神赡养的实质是满足老年人的精神需求，包含了自尊的需求、期待的需求和亲情的需求，而与之对应的是对老年人的人格尊重、成就安心和情感慰藉三个方面。精神赡养既包括家庭的精神赡养也

[1] 米秋花．对精神赡养的法律思考［J］．中共郑州市委党校学报，2006（6）．

包括社会的精神赡养。”❶ 其三，该观点在第二种观点的基础上将“精神赡养”社会化，即“精神赡养不仅局限于家庭生活中，还应涵盖养老院、福利院等社会福利机构”。❷

在笔者看来，第一种观点虽然包含了《老年人权益保障法》第 14 条关于“精神赡养”内涵中的关注老年人精神需求，但是此观点主要着重于被赡养人的主观需求，并没有将精神赡养的范围进行明确系统的说明。第二种观点比较全面地将精神赡养分为家庭精神赡养和社会精神赡养两类，其中家庭作为老人精神赡养的主要场所，应着重于老人主观需求，即自尊需求（人格尊重）和亲情需求（情感慰藉），而社会赡养作为家庭赡养的辅助力量，应当在家庭精神赡养所无法涉及的如房屋保证等方面，以老人的期待需求（成就安心）为重心。第三种观点应该属于第二种观点的一种补充，其可以成为第二种观点中社会精神赡养的辅助赡养人。

笔者认同第一种观点。虽然第一种观点尚不完善，但其赡养义务人限定为家属，符合我国当前老人多由子女赡养的现状。因此本文认为精神赡养实质上是指家庭成员关注老人的感情、心理等主观方面，满足老人特殊需要，并为老人提供安心悠闲的居住生活环境的行为。

（二）精神赡养特征

精神赡养是一般赡养的重要组成部分，除具备一般赡养的特征外，它还具备有别于物质赡养的特征，表现出其特殊性的一面。根据前述关于精神赡养概念的界定，笔者认为精神赡养的特征包括以下四个方面。

1. 精神赡养主体具有特定性

首先根据《老年人权益保障法》《中华人民共和国婚姻法》（以下简称《婚姻法》）、《中华人民共和国继承法》（以下简称《继承法》）中对一般赡养的规定可知，赡养权利义务双方之间是特定的家庭成员。《婚姻法》第 21 条、第 25 条、第 26 条、第 27 条及第 28 条规定了一般家庭赡养的赡养义务人主要包括：老年人的婚生子女、收养子女、继子女以及

---

❶ 穆光宗．老龄人口的精神赡养问题［J］．中国人民大学学报，2004（4）．

❷ 胡贤斐．论精神赡养法律制度的完善［J］．柳州师专学报，2007，22（1）．

有负担能力的孙子女与外孙子女。《继承法》也在第 12 条赋予了老人的丧偶儿媳及丧偶女婿一定的赡养义务。因此精神赡养作为一般赡养的重要组成部分，其赡养双方即赡养义务人与被赡养人之间也应具备特定性。而依据《婚姻法》第 13 条的规定及通过分析我国目前已审结的各地精神赡养案件，也可以发现，我国诉至法院的精神赡养案件主要以家庭为其特定赡养场所。

因此，笔者认为精神赡养双方权利义务人之间是具备特定的亲属关系的，且通常为直系亲属关系。

2. 精神赡养行为具有独立性

根据《老年人权益保障法》第 14 条规定的赡养的含义，可以将我国赡养分为三个方面：即物质供养、生活照料和情感慰藉。马克思曾说过："在不同的所有制形式上，在生存的社会条件上，耸立着由各种不同情感、幻想、思想方式和世界观构成的整个上层建筑。整个阶级在它的物质条件和相应的社会关系的基础上创造和构成这一切。"❶ 据此，笔者认为，在赡养的三个方面中，物质供养作为给予老人的物质条件，应属于老人赡养中最基础也是最简单的层次，即初级层次；生活照料则是物质供养得到满足后的进一步发展的物质赡养，即中级层次；而情感慰藉作为一种主观需求，是老人赡养的最高层次，也是老人赡养的终极追求。

而这三个层次会根据社会发展水平和生活水平的不断提高而依次显现，也可以说老人精神赡养的需求是在其物质供养方面和生活照料方面得到满足之后才逐渐显现的。其中物质供养层次和生活照料层次在一定的条件下是互补的，❷ 比如说在子女经济水平达不到满足老人日常生活的程度时，子女完全可以将关注老人日常生活作为一种弥补手段。然而情感慰藉这方面往往与前两个层次难以相容，因为当社会发展水平提升到可以给老人的物质生活一定保障时，老人们会难以满足现有物质生活，

❶ 中共中央马克思恩格斯列宁斯大林著作编译局．马克思恩格斯选集［M］．北京：人民出版社．1972.

❷ 王蓓．老年人精神赡养的法律思考［D］．苏州：苏州大学硕士学位论文，2008.

而开始追求更高级别的需求，即精神赡养需求，而且值得注意的是，老年人对其精神生活需要的满足常常不能使其减少对物质供养和生活照料的需要。❶

因此，本文认为，精神赡养虽然以物质供养与生活照料为前提，但并不完全依附于这二类物质赡养。同时在情感需求急剧增加的阶段中，精神赡养与物质赡养可以相互促进，共同发展。一方面，富裕的物质生活使老人对精神赡养的需求进一步扩大；另一方面，实现老人精神赡养也会让赡养义务人从思想上重新认识到老年人赡养的重要性，从而更好地促进赡养义务人履行物质赡养义务，全面提高老人的晚年生活质量。

3. 精神赡养内容具有丰富性

随着家庭经济水平、年龄的增长，生活地域的改变，同一老人在不同时期对于情感慰藉的需求也会随着变化，而不同的老人因为具有不同人生经历及性格爱好不同，使得他们对于情感慰藉的需求也有所不同，这些情况都在不同程度上决定了老人精神赡养内容的丰富性及差异性。

精神赡养与物质赡养最大的不同在于，精神赡养主要是通过语言上的抚慰、情感上的理解及心理上的照顾等抽象方式进行赡养，因此是很难将各赡养义务人之间的赡养程度进行比较的；而物质赡养则主要是指赡养义务人在经济上为父母提供必需的生活用品和费用的行为，即承担一定的经济责任，提供必要的经济帮助。❷ 也就是说物质赡养主要是通过衣服、食品、供给住房、汽车、金钱等具象载体确定赡养程度的。不仅如此，较物质赡养而言，精神赡养也很难像物质赡养一样通过确定的标准，来判断精神赡养义务人履行义务的程度，如赡养费金额。

总而言之，较物质赡养而言，精神赡养的内容具有一定的丰富性。但是根据《老年人权益保障法》第 13 条、第 14 条、第 21 条的规定，精

---

❶ 焦少林．论对老年人精神赡养的法律调整［J］．安庆师范学院社会科学学报，1995（4）．

❷ 百度百科．赡养［EB/OL］．http：//baike.baidu.com/link？url＝Bt0l62XRN3QHo2gs17cRKh1OLt93WpP73DjzC1ZQZIQlNoxIb4GYtiwQwN8g8XX5gXfK92WgGqZPDJSrr1 fYoa＃2，2015-03-24.

神赡养应包括尊重老人人格、关心老人心理健康、经常探望并照顾老人、不得干涉老人婚姻自由等内容。

4. 精神赡养方式具有多样性

由于精神赡养内容和行为具有丰富性和独立性，使得精神赡养方式也是多种多样的。其中具有代表性的有以下两类。

（1）抽象型精神赡养和具象型精神赡养。

由于精神赡养有照顾老人日常生活这一方面的内容，因此可以将精神赡养分为抽象型精神赡养及具象型精神赡养。前者主要是纯粹的以尊重人格和关注心理健康等精神方面为目的探望照顾老人，后者主要是为满足老人精神需求而向老人提供一定的物质生活保障，如提供赡养费等方式。

（2）积极的精神赡养和消极的精神赡养。

根据《老年人权益保障法》中规定的禁止性条款，可将老年人精神赡养分为积极的精神赡养和消极的精神赡养。前者顾名思义是说赡养义务人主动积极地满足老人的精神需求，后者则持相反含义，依据《老年人权益保障法》第 3 条第 3 款、第 18 条第 1 款、第 19 条第 1 款和第 21 条第 1 款等相似条款中规定的内容，消极的精神赡养主要包括：不得歧视虐待或遗弃老人、不得忽视冷落老人、不得拒绝履行赡养义务、不得干涉老年人婚姻自由等。

当然，除以上两类精神赡养方式外，精神赡养方式还有很多种。虽然精神赡养义务人履行赡养义务的情况在某种程度上来说只能以老人主观感受为依据，但是笔者认为，只要在客观上使老人的情感需求得到极大的满足，从而提升老人的晚年生活幸福指数的履行方式，都应属于精神赡养方式。

二、老年人精神赡养存在的法律问题

据前所述，我国《老年人权益保障法》虽顺应了当前我国经济发展现状需求，尤其是该法的第 18 条已经明确说明家庭成员应当关注老年人的精神需求并“常回家看看”老人，但是法律在解决老年人精神赡养这一方面仍存在问题。

（一）没有明确规定精神赡养义务双方的范围

1. 没有明确规定赡养义务人的范围

《老年人权益保障法》第 18 条第 1 款规定："家庭成员应当关心老年人的精神需求，不得忽视、冷落老年人。"此条仅规定了应该关注老年人精神需求的人员是"家庭成员"，但未明确说明"家庭成员"的范围，是与该法第 14 条中对"赡养人"的界定一致，还是比"赡养人"的范围更大或更小，在《老年人权益保障法》中并没有明确说明。

2. 没有明确规定被赡养人的范围

《老年人权益保障法》第 2 条规定："本法所称老年人是指六十周岁以上的公民。"第 3 条第 2 款又规定："老年人有从国家和社会获得物质帮助的权利，有享受社会服务和社会优待的权利，有参与社会发展和共享发展成果的权利。"依据此二条规定可知，我国对物质赡养的被赡养人的范围有明确规定：60 岁以上的老人。但是与物质赡养相比，精神赡养更关注老人的主观需求。因此笔者认为，对于被赡养人的界定不应仅按照一般赡养的被赡养人范围实行，还应有其特殊性，但该特殊性并没有被法律明文规定。

（二）没有明确规定精神赡养人的法律责任

根据《老年人权益保障法》第 14 条第 1 款的规定，赡养人应当履行对老年人精神上慰藉的义务并照顾老年人的特殊需要。但第 14 条只规定了"精神赡养人"有关注老年人精神需求之义务，却未规定"未照顾老年人精神需求"的法律责任，也没有明确界定"照顾"的程度。笔者认为，如果不规定精神赡养人的法律责任及相关义务的完成度，会出现法律约束力不足的效果。以第 14 条为依据，如赡养义务人依据判决在端午节看望老人，但仅与老人相处一个小时，这样虽然完成了法律规定的"照顾老人精神需求"一事，但法律上却无法依该法第 14 条对赡养义务人"仅与父母相处 1 小时"这一行为进行处罚，因该条并没有规定"照顾"的程度，也没有规定赡养人应当承担什么责任。

虽然在已经作出生效判决的赡养案件中，法院对于有能力却不履行赡养义务的子女采取了司法拘留或强制执行赡养义务人财产的措施，但是该措施仅局限于进入诉讼程序的物质赡养案件及有赡养费判决的精神赡养案件，而且对于经济实力高的子女而言，这种措施尚不能对他们起到震慑之作用。

（三）没有明确规定精神赡养纠纷的解决途径

纵观《老年人权益保障法》，虽然该法明文规定了赡养人有“常回家看看”的义务，但却没有规定对老人可采取何种途径解决精神赡养纠纷问题：是调解还是诉讼？如果调解，老人的爱子之心可能会造成当事人放弃“精神赡养”之诉求，转而获得或多或少的物质赔偿，这就违背了老人的初衷。如果诉讼，判决书的强制力特征或许会让老人的诉求得到实现的保证，但仅依据判文中的“每天回家一小时”或“每周看望老人一次”这类语句似乎又无法保证司法执行的顺利进行：司法部门没有办法对这一判决进行有效监控和掌握，老人的权益仍然无法得到有效救济。

（四）没有明确提出精神赡养义务人拒不履行义务的解决措施

承前所述，根据当前关于“精神赡养”的相关案例的执行情况可以发现，法院尽可能通过在判决中规定具象型的精神赡养义务来维护老人的合法权益，如提供XXX赡养费、在XXX节回家看望老人等，但是由于种种原因，精神赡养义务人可能会拒不履行赡养义务，从而导致精神赡养案件执行困难成为解决“精神赡养”纠纷的一大难题。这些原因主要包括：第一，消极原因。法律对赡养人的法律责任没有明确具体的强制性规定，因此赡养人常常忽视判决的强制力且不履行赡养义务，造成判决的一纸空文；第二，客观原因。在法律判文中陈述的如“在XXX节日时回家看望老人、周末回家陪伴老人一次”等虽然可以通过强制执行或拘留赡养义务人等手段维护老人的权益，但由于精神赡养纠纷是家庭内部之间的矛盾造成的——家庭成员之间往往不会采取一些如录音等理性手段获取证据，加之赡养义务人由于工作原因看望老人的具体时间不固定，法院取证较为困难。综上，本文认为，对于这种赡养人不履行或无法履行赡养义务的情况而言，精神赡养案件司法执行是尤为困难的，但法律对此并没有明确规定一个解决措施。

三、国外精神赡养规定借鉴

国外赡养法律没有明确提出精神赡养的概念，但是在相关法律条文中都有体现“精神赡养”之精神，甚至对其有明确具体规定。

（一）欧美发达国家精神赡养的规定

在瑞典、芬兰等北欧福利国家的法律中明确规定了子女对父母精神赡养的具体要求，以保证老人们晚年的幸福。这些要求以量化的方式规定了子女与父母的居住距离，每年、每月、每周甚至每日应当与父母接触的时间和次数；子女与父母谈话的忌语都受到限制，从而最大限度地从立法上保证赡养行为的质量。❶

法国和德国并未明文规定精神赡养的具体要求，但其民法典的具体条文体现了精神赡养的相关精神。《法国民法典》第 205 条规定：“子女在父、母或其他直系血亲有需要时，应负赡养义务。”❷ 除了在法律中用专门条款规定了子女对父母应尽的物质赡养义务外，法律条文对老年人精神赡养权益也有体现。《法国民法典》第 210 条规定：“如应当给付赡养费的人证明其不能支付的，家事法官得在查明情形之后，命令该人将其应负担扶养的人接至自己家中，给予衣食、照应。”❸ 而德国在《德国民法典》中则把抚养、扶养和赡养统称为扶养，并在第四编亲属法第二章的第三节，对其权利义务、范围、扶养程度等作了详尽的规定，如第1618a 条规定了父母和子女有相互帮助和体恤的义务。❹ 同时在其他相关赡养制度中，也明确规定：“子女在法定节假日必须抽出一定的时间陪同父母，并在父母的生日或其他关乎父母情绪的重要时刻亲自为父母送上祝福，反之，若子女有不关心、不照顾老年人的行为，则将会受到法律

---

❶ 王笑红．浅析“精神赡养”的法律保护［EB/OL］. http：//www.chinacourt.org/ article/detail/2003/01/id/34618. shtml，2015-03-25.

❷ ［法］罗结珍，译．法国民法典［M］. 北京：法律出版社，2005.

❸ ［英］哈耶克．通往奴役之路［M］. 王明毅，冯兴元，译．北京：中国社会科学出版社，2013.

❹ ［德］陈卫佐，译．德国民法典［M］. 北京：法律出版社，2006.

的处罚：包括警告、罚款、拘留等。”❶

（二）亚洲国家精神赡养的规定

1. 新加坡精神赡养的相关规定

新加坡制定了《新加坡奉养父母法》，是世界上第一个将“赡养父母”立法的国家，虽然在法律中没有明确规定“精神赡养”的具体要求，但其中的部分规定仍可为我国“精神赡养”的发展提供一定借鉴。

根据《新加坡奉养父母法》之规定，新加坡于1996年设立了“赡养父母仲裁法庭”以解决老年人赡养纠纷。❷ 该法庭由律师、社会工作者和公民组成，地方法官担任主审，❸ 且独立于新加坡现有的司法制度，不仅不受到严格的证据制度及相关诉讼制度之约束，还将调解程序作为解决纠纷的优先方式，调解不成后才通过法庭审理解决纠纷。不仅如此，该法还规定，如果子女拒绝履行赡养义务或有不履行赡养义务之行为的，法院可以判决该子女缴纳一定罚款，严重者判处其一年有期徒刑。❹

除《新加坡奉养父母法》外，新加坡为鼓励儿女与老人同住，在相关法律中明确规定：“单身青年除非愿意与父母同住，否则不可租赁或购买组屋，但子女愿意与丧偶的父亲或母亲一起居住的，则可以享有对父母遗留房屋给予的遗产税减免优待，如果愿意和父母或患有残疾的兄妹一起居住，则可享受‘父母及残疾兄弟税务扣除优待’或者‘三代同堂花红’等优惠政策。”❺

2. 日本精神赡养的相关规定

在日本境内子女与父母同住是极为普遍的，这与其传统的社会观念

❶ 瞿芳．老年人精神赡养的法律问题研究［D］．重庆：西南政法大学硕士学位论文，2012.

❷ 潘家永．新加坡：养老没商量［N］．光明日报，1999-11-24.

❸ 瞿芳．老年人精神赡养的法律问题研究［D］．重庆：西南政法大学硕士学位论文，2012.

❹ 中国经济时报．新加坡：1994年制定了《奉养父母法》［EB/OL］．http：//www.shanghaigss.org.cn/news_view.asp?newsid=9254，2015-03-12.

❺ 中国经济时报．新加坡：1994年制定了《奉养父母法》［EB/OL］．http：//www.shanghaigss.org.cn/news_view.asp?newsid=9254，2015-03-12.

密不可分："只有父母与已婚孩子共同生活才被认为是正常的、能给人以安宁的生活形态"。[1] 而且日本还对不与父母同住的子女进行了限制：即子女与老人的距离应以"一碗汤"的距离为限。[2] 当然，与新加坡一样，日本也为子女赡养父母提供了一些社会保障措施，例如：照顾 70 岁以上且收入低的老人，可以享受减税优惠；[3] 为使老人有自己的活动空间而修建房子，可以得到贷款等，同时日本还提倡"三代同堂"，以尽可能提升老年人晚年精神生活质量。[4]

四、老年人精神赡养法律对策

（一）明确规定精神赡养义务双方的范围

1. 明确规定精神赡养义务人的范围

从我国老年人目前的生活状况来看，老年人要么和子女生活在一起，要么自己生活。因此，笔者认为应当从独居老人和非独居老人这两个方面认定赡养义务人范围。首先，对于独居老人，我国精神赡养的主要赡养义务人应包括子女（包括非婚生子女、收养子女、继子女）、孙子女（包括外孙子女）、其他经被赡养人或司法机关同意的有民事权利义务关系的人。

其次，对于非独居老人，除上述赡养义务人外，笔者认为还应包括配偶。一方面，虽然《婚姻法》在第 20 条第 1 款规定"夫妻有互相扶养的义务"，而非赡养义务，但是欧美国家却将赡养、抚养和扶养看作一体，从这方面来讲配偶之间也可以有互相赡养之义务。另一方面，从性质上讲，精神赡养并不同于物质赡养，前者容易由赡养双方的主观感受引起纠纷。而非独居老人在生活中接触时间最长的人并不是自己的子女，

---

[1] 王蓓．老年人精神赡养的法律思考［D］．苏州：苏州大学硕士学位论文，2008.

[2] 黄丰．精神赡养的法律规制研究［D］．长沙：湖南师范大学硕士学位论文，2013.

[3] 陈洁君．国内外养老模式的比较与借鉴［J］．经济与社会发展，200（4）．

[4] 陈洁君．国内外养老模式的比较与借鉴［J］．经济与社会发展，200（4）．

而是与自己朝夕相处的妻（夫），因此也最容易受到来自配偶的伤害，从这方面来讲，老人的配偶也应作为老人的精神赡养义务人。

2. 明确规定被赡养人的范围

虽然依据我国的传统孝道，子女赡养父母实乃天经地义，但是根据权利与义务相统一之原则，精神赡养的被赡养人也应是有条件的。

我国《老年人权益保障法》第 2 条规定的一般被赡养人范围是 60 周岁以上的老人，作为一般赡养组成部分的精神赡养，其被赡养人的年龄范围理应与一般被赡养人一致。但由于我国社会贫富差距过大，且老年人精神需求高低往往与其经济水平和身体状况成正比。因此笔者认为，可以将 60 岁以上老人按其经济水平及身体状况的不同进行划分。否则如果参照《新加坡奉养父母法》规定的被赡养人的条件，即“60 岁及以上的老人且生活完全不能自理”[1]，仅将被赡养人按照“生活完全不能自理”和“生活能自理”进行划分，似乎对那些生活水平不高的老人并不公平。

当然现在也有父母遗弃、殴打子女的案例，基于公平合理原则，如果赡养义务人有证据证明其父母曾经对其有遗弃、殴打等行为时，也可以在一定程度上减免赡养义务人的责任。

（二）明确规定精神赡养人的法律责任

在截止目前的精神赡养纠纷中，当法院的判决生效之后，赡养义务人常常会忽视判决的效力，并不完全履行其赡养义务。例如，在前述精神赡养案件中，赡养义务人仅探望老人 1 小时。在笔者看来，该精神赡养义务人之所以有可能仅探望 1 个小时，主要因为法律并没有对精神赡养义务人的法律责任作出强制规定，导致缺乏震慑力所致。因此，笔者认为应当对不履行赡养义务（包括完全不履行和部分不履行）的赡养义务人采取一定强制措施。

1. 明确规定精神赡养的具体义务

由于社会生活节奏快所致，劳动者大都无暇陪伴父母，为使老年人

[1] 徐振华，胡苔用．《新加坡奉养父母法》评介及其对我国的启示［J］．江西社会科学，2012（09）：153-157.

在日常生活中获得精神慰藉，笔者认为可以借鉴日本及北欧国家的相关规定，在法律中明确规定精神赡养的具体义务。如“在春节、十一等假期较长的法定节假日陪伴父母”“每年探望父母 XX 次”或“限制子女对父母的忌语”等。但笔者对北欧的“以量化的方式规定子女与父母之间的居住距离”和日本的“一碗汤”距离持反对意见，因为我国地域范围广，子女的工作地点与父母居住地点之间有时长达 1000 公里甚至更长，如果明确规定子女与父母之间的居住距离，不但无法保证子女陪伴父母的时间，还会影响子女的日常工作质量，长期以往，更会成为老年人晚年物质和精神生活的不稳定因素。

2. 明确赡养义务人不按照生效调解书或判决书履行义务的法律后果

精神赡养案件在生效调解书或判决书中会要求义务人“在 XX 节日回家探望父母”，如果赡养义务人不按照生效调解书或判决书履行赡养义务，如何处理？目前的惩罚措施仅适用于赡养费案件，因此笔者认为我国应借鉴德国及新加坡的相关规定，对不履行赡养义务者按照履行程度不同进行不同处罚。若法院在执行过程中发现赡养义务人有不履行判决之行为，原审判法庭可以就这一行为给予赡养义务人一定的惩罚措施。

在现实生活中不免会出现这种现象，即赡养义务人仅在法官探访的这一天给予老人超过 1 小时的关怀。笔者认为为避免这一情况的发生，法官在探访执行情况时，可采用询问老人周边邻居或在赡养义务人忙碌时期（如工作日）探访老人等类似的方式，对精神赡养执行情况进行取证。

（三）明确规定精神赡养纠纷的解决途径

随着中国人口老龄化程度不断加深，越来越多的老人精神权益可能受到侵害，精神赡养纠纷将成为新型的纠纷类别。

1. 精神赡养可诉性问题

关于精神赡养是否具有可诉性这一问题至今仍在法律界存在争议，主要争议点在于精神赡养是道德义务还是法律义务？反对方认为精神赡养主要关注老人的精神生活，其实质应是道德义务，如果以法律条文规范会损害法律权威性。[1] 支持者则认为精神赡养作为老年人的合法权益，理应归入到法律义务的范畴。他们认为精神赡养入法是社会发展趋势，而《老年人权益保障法》将"常回家看看"作为子女的一项义务写进法律，体现了法律在精神赡养领域的一大进步。[2]

笔者同意支持者的观点，精神赡养应当属于法律义务范畴。虽然就我国当前精神赡养纠纷现状来看，精神赡养在某些方面执行较困难，但是正如肖金明教授所说的："在《老年人权益保障法》这类具有鲜明社会法属性的法律中，加入子女'常回家看看'之类的伦理道德要求，无损法律的权威性，更多体现了法律的指引、教育作用。"[3] 虽然《老年人权益保障法》中关于"常回家看看"等精神赡养条文大都为"政策性责任条款"[4]，很难成为诉讼的依据，但这些"政策性责任条款""更多的意蕴不是违法责任追究，而是积极责任的法律宣示，或者说法律明确规定政府、社会的政策性责任"[5]，在某种程度上可以作为调解家庭纠纷的原则。

2. 调解为主，诉讼为辅的解决模式

从近几年已诉至法院的老年人精神赡养案件来看，案件数量远不如借款纠纷案件等其他民事案件数量多。笔者认为存在以下三点原因：其一，传统思想束缚。老年人受中国传统封建儒家思想束缚，大都认为"家丑不可外扬"，不愿把其家中丑事公布于众，从而一味地对赡养义务人损害其精神利益的行为采取忍让的态度。其二，经济实力不足。现在精神权益受到侵害的老年人大都处于失业或者退休状态，有的甚至连基

---

[1] 瞿芳．老年人精神赡养的法律问题研究［D］．重庆：西南政法大学硕士学位论文，2012.

[2] 苏仕君．常回家看看入法？［J］．法制与社会，2011（5）．

[3] 李丽．老年人权益保障法将修订常回家看看或成法定义务［EB/OL］．http：//www. chinanews. com/fz/2011/05—23/3058043. shtml，2015-03-27.

[4] 李丽．老年人权益保障法将修订常回家看看或成法定义务［EB/OL］．http：//www. chinanews. com/fz/2011/05—23/3058043. shtml，2015-03-27.

[5] 李丽．老年人权益保障法将修订常回家看看或成法定义务［EB/OL］．http：//www. chinanews. com/fz/2011/05—23/3058043. shtml，2015-03-27.

本日常生活都维持不了，更不要说支付立案费用了。其三，法律意识薄弱。老年人由于生活背景原因，其平均文化水平较低，法律思想薄弱，大都不知道现行法律规定，也不知道如何运用法律手段维护自己的合法权益。基于以上原因，老人似乎并不愿意通过诉讼这一途径解决问题。

另外，精神赡养的终极目标是使家庭成员和睦相处，而一旦通过诉讼解决纠纷，当事人双方对簿公堂的过程会使双方矛盾进一步激化，甚至连双方感情也会彻底破裂。在这样一种情况下，继续诉讼程序，不仅无法达到修补家庭关系的目的，而且也无法保证案件最终完全执行。

因此笔者认为，我国的赡养制度是为了解决老年人的合法权益，所以应当关注老年人的想法，尽可能地减少诉讼途径之使用率，多用调解制度。就这一方面而言，我们可以借鉴新加坡赡养体系中关于设立"赡养法庭"之制度，不拘泥于现有的严格的诉讼规则，以道德和法律相结合的原则在考虑纠纷双方的特殊关系的前提下，以法院为中间方，采用以调解为主、诉讼为辅的方式，在诉讼过程中优先对案件进行调解，且未经调解不得进行诉讼程序，从而降低老人因诉讼而失去亲情的状况出现之概率。

我国的民事纠纷主要采用人民调解和法院调解，而在法院调解中主要采用诉讼前调解和诉中调解。笔者认为，在老人因精神需求与其子女产生纠纷时，应首先通过居委会或村委会设立的人民调解委员会对老人及其子女进行人民调解。

首先，老人多在其所在的社区和村镇活动交流，老人所在居委会和村委会更加了解老人的生活现状，能更好地解决老人的需求。其次，根据《中华人民共和国人民调解法》第 4 条"人民调解委员会调解民间纠纷，不收取任何费用"，可见，老人通过人民调解解决纠纷可以缓解其经济压力。再次，采用人民调解符合精神赡养性质。精神赡养具有一定的人身属性，若赡养义务人确实不愿意陪伴老人，法院不能在老人没有提起诉讼的时候主动强制子女陪伴老人。最后，采用人民调解制度符合老人的希望。通常而言，老人只有在家庭矛盾无法调和的情况下才会使用诉讼程序解决问题，如果能不对簿公堂就能让子女陪在老人身边，何乐而不为呢？基于以上原因，笔者认为，我国特有的人民调解制度应是老人解决赡养纠纷的首选。

当然，如果人民调解不成功，子女与老人不得不通过诉讼程序解决纠纷的话，笔者认为法院应优先采取诉前调解而非诉讼中调解。

诉前调解是在法院立案之后，未进入诉讼之前由立案庭主持进行的。在法院开庭审理前进行调解，不仅可以减少家庭成员之间在法庭对峙的机会，也为缓和家庭矛盾提供一层保障。如果诉前调解成功，但子女仍不愿意赡养老人，老人可以向法院申请强制执行，无须担心子女与自己在法庭上针锋相对。反之，若调解失败，法院可以继续受理当事人的精神赡养案件，老人仍可再次通过民事法律诉讼程序维护其合法权益。当然在法庭审理的过程中，法院仍应优先通过诉讼中调解解决纠纷，若调解成功，审判组织在当事人达成合意后制作出调解书，老人可以依据具有法律效力的调解书向法院申请强制执行。但若诉讼中调解也调解失败，老人可以依据法院按照双方当事人提交的证据及明确的事实做出的判决维护自己的权益。

综上所述，笔者认为人民调解更适合精神赡养纠纷，若人民调解不成功，再依次使用诉前调解、诉讼中调解、法院判决。这样的做法不仅可以在一定程度上减缓双方当事人之间的矛盾，也为家庭和睦稳定提供多层保障，让老人不必为与子女争论不休而烦恼担心。

（四）明确规定精神赡养义务人拒不履行义务的解决措施

承前所述，虽然法院在判文中规定了具象型的精神赡养义务，如提供 XXX 赡养费、在 XXX 节日回家看望老人等，但由于法律的空白，往往会出现老人因赡养义务人恶意不履行赡养义务而精神受到伤害的情况。因此对于赡养义务人拒不履行的现象，可以通过提供“陪老服务”来维护老人的赡养权益。

受到精神损害的老人一般是在家庭矛盾暂时升级到不可调和的情况下，才通过诉讼程序来维护自己的权益，而这种时候作为另一方当事人的赡养义务人大都是不满意法院作出的对老人有利的赡养判决的，因此法院执行起来较为困难。所以在子女处在被动履行赡养义务，即拒不履行赡养义务的情况下，法院可以将“陪老服务”作为司法执行的一种强制解决措施，以满足老人的精神需求。即由法院代替赡养义务人通过“家政公司”或“老年人专业志愿者服务中心”等企业和社会团体，聘请“陪老服务”的工作人员陪伴老人，来弥补老人受到的精神损害。如果法院在判决书中明确作出“赡养义务人需每月支付被赡养人赡养费”等的规定，聘请工作人员的费用则由赡养义务人另行支付（可通过银行划款等方式），而不从确定的赡养费中扣除。当然，如果赡养义务人是多人，为保证执行之公正性，可由法院按照老人儿女之经济实力、赡养义务程度及对精神赡养的态度按比例分配。

笔者认为“陪老服务”仅仅是为了防止老人因客观外界因素而无法完全获得精神赡养权益而设立的，并非为了赡养义务人提供不赡养老人之方便。因此，如果以“陪老服务”作为精神赡养案件的司法执行强制方式之一，应当对其在执行主体、执行方式、执行费用等方面严格规定。

结　论

古语有云：“为人不报父母恩，纵做高官都枉然。”如果不对老人知恩图报，即使做了高官也不能善待百姓。可见，赡养老人，满足老人的精神需求不仅影响到一个家庭的和谐，还会对社会的和谐发展和安定产生巨大影响。

虽然我国《老年人权益保障法》对精神赡养进行了一定的完善，如“常回家看看”，但是对于日益增加的老年人精神需求，一般条文已经无法有效保障老人的精神权益。更何况，老人的精神赡养不仅仅是每个子女的责任和义务，在今天更是国家和社会的责任和义务，因此必须从多个角度着手，系统地规定精神赡养的各方面内容，以满足老人的精神需求，从而使老年人精神赡养制度更加完善，以维护老年人的合法权益。

参考文献

[1] 国家统计局．2015 年中国总人口数量达 136782 万人 65 岁以上老龄人口占 10%［EB/OL］．http：//www.mnw.cn/news/china/844094.html，2015-03-30.

[2] 中国进入老龄化社会的思考［EB/OL］. http：//wenku. baidu. com/link? url=VLLRhwxNAA6dNbAPtFjmXlk _ 9MU1g BFFrAhm6QEkIywER-jcEFRpY _ iC-ZSh2ECjVuyZ0iffSqZ-ymkg5mHD6twLDdf8N0 DSRk1PHmqKP87i，2015-05-15.

[3] 百度文库．2014 年《老龄蓝皮书》【报告精读】［EB/OL］. http：//wenku. baidu. com/link? url = 9eJ1oqW6HoVwd k62sOn6W8Wy1sYyp Ru4yMO3I4a6 NoZUk-PGBz214Lnzk3 _ 6LJcr34bvIsx35pk9oB65FaYuhG-cfaU-pPSV6 XaoNR-tUQRq，2015-03-30.

[4] 肖游.《中国人口老龄化发展趋势预测研究报告》发布［J］. 人权，2006（2）.

[5]［美］马斯洛．动机与人格［M］. 许金声，等，译．北京：中国人民大学出版社，2007.

[6] 米秋花．对精神赡养的法律思考［J］. 中共郑州市委党校学报，2006（6）.

[7] 穆光宗．老龄人口的精神赡养问题［J］. 中国人民大学学报，2004（4）.

[8] 胡贤斐．论精神赡养法律制度的完善［J］. 柳州师专学报，2007，22（1）.

[9] 中共中央马克思恩格斯列宁斯大林著作编译局．马克思恩格斯选集［M］. 北京：人民出版社，1972.

[10] 王蓓．老年人精神赡养的法律思考［D］. 苏州：苏州大学硕士学位论文，2008.

[11] 焦少林．论对老年人精神赡养的法律调整［J］. 安庆师范学院社会科学学报，1995（4）.

[12] 百度百科．赡养［EB/OL］. http：//baike. baidu. com/link? url=Bt0l62XRN3 QHo2gs17cRKh1OLt93WpP73 DjzC1ZQZIQlNoxIb4GYtiwQwN8g8XX5gXfK92 WgGqZPDJSrr1fYoa＃2，2015-03-24.

[13] 王笑红．浅析“精神赡养”的法律保护［EB/OL］. http：//www. chinacourt. org/article/detail/2003/01/id/34618. shtml，2015-03-25.

[14]［法］罗结珍，译．法国民法典［M］. 北京：法律出版社，2005.

[15]［英］哈耶克．通往奴役之路［M］. 王明毅，冯兴元，译．北京：中国社会科学出版社，2013.

[16]［德］陈卫佐，译．德国民法典［M］. 北京：法律出版社．2006.

[17] 瞿芳．老年人精神赡养的法律问题研究［D］. 重庆：西南政法大学硕士学位论文，2012.

[18] 潘家永．新加坡：养老没商量［N］. 光明日报，1999.

[19] 中国经济时报．新加坡：1994 年制定了《奉养父母法》［EB/OL］. http：//

www. shanghaigss. org. cn/news _ view. asp? newsid=9254，2015-03-12.

[20] 黄丰．精神赡养的法律规制研究 [D]. 湖南：湖南师范大学硕士学位论文，2013.

[21] 陈洁君．国内外养老模式的比较与借鉴 [J]. 经济与社会发展，200 (4).

[22] 徐振华，胡苷用．《新加坡奉养父母法》评介及其对我国的启示 [J]. 江西社会科学，2012 (9).

[23] 苏仕君．常回家看看入法？[J]. 法制与社会，2011 (5).

[24] 李丽．老年人权益保障法将修订常回家看看或成法定义务 [EB/OL]. http：//www. chinanews. com/fz/2011/05—23/3058043. shtml，2015-03-27.

[25] 百度百科．诉前调解 [EB/OL]. http：//baike. baidu. com/link? url=B _ QiO-VEGgI718PmEpZZYOc _ xVm4N7 iVGv7Rf0wX57-pKQZKqpCN90RJfI0ClKEe3PriCanoDUG _ ydeYOzB5Yo _ #3，2015-03-27.

我国政府和社会资本合作法律问题研究

学　　生　陆　畅
指导教师　李　蕊

摘　要：近些年来，政府和社会资本合作作为一种新的政府融资方式得到了社会的巨大的关注。在这样的新形势下，为了保证我国政府和社会资本合作模式的顺利开展，我们需要特别关注合作过程中的项目适用范围，审核评估，纠纷解决，项目监管和投资者保护等几个方面。本文对我国的政府和社会资本合作进行了思考，并对项目中面临的问题进行初步探讨，在此基础上提出我国政府和社会资本合作法律问题的建议。

关键词：政府和社会资本合作　法律问题研究　法律建议

前　言

政府和社会资本合作项目目前已在全国范围内开展，有些项目获得了巨大的成功，比如北京四号线地铁，此项目打破了政府融资困难的僵局，体现了政府和社会资本合作项目的创新价值。但是也有一些项目面临着失败的困境。以北京第十水厂的建设为例，此项目在1998年就已经立项，却在2012年才刚开始动工，其中遭遇的问题在所有政府和社会资本合作的项目中可以说是比较典型的。比如因为没有标准化合同，双方权利义务不明确，仅对合同的效力进行论证就花费了一年时间；还有项目实施时间较长，政策和市场不断出现变化，计划赶不上变化，于是给社会资本和政府均带来了损失和风险；政府是规则的制定者，社会资本为了获得项目而放弃了一些有利条件，最后在政府违约时没有得到应有的保护；还存在手续批复必须要政府部门帮助等相关问题。

在本文中，笔者先对政府和社会资本合作进行介绍，研判了此模式存在的法律问题，之后借鉴域外经验针对性地提出解决建议。

一、政府和社会资本合作模式概述

（一）政府和社会资本合作内涵

政府和社会资本合作，英文写做 Public-private partnership，因此也称为 PPP 模式。政府和社会资本合作模式没有一个广泛接受的准确的定义。在中国被直译为公私合作关系，财政部颁发的《关于印发政府和社会资本合作模式操作指南（试行）的通知》“财金〔2014〕113 号”中解释为政府和社会资本合作模式。世界银行认为政府和社会资本合作是一种为了政府能够利用社会资本的资源和专业性来更好的促进和实施基础设施或者服务建设的机制。《国家发展改革委关于开展政府和社会资本合作的指导意见》中表示，政府和社会资本合作模式是指政府为增强公共产品和服务供给能力、提高供给效率，通过特许经营、购买服务、股权合作等方式，与社会资本建立的利益共享、风险分担及长期合作关系。本文中的政府和社会资本合作讨论的是广泛意义上的公私合作，是从项目前期准备到项目完成后收益的全过程的政府与社会资本合作，包括所有的 BOT、PFI、BT 等项目的一系列方式的统称。

政府和社会资本合作关系建立的基础是政府和社会资本合作所签订的合同，这份合同的性质与一般合同的不同决定了政府和社会资本合作的特殊性。政府和社会资本在签订合同时，双方会充分尊重当事人的意思自治，契约自由，经过双方当事人协商达成一致才能签订，这些都是典型的私法性质。但是政府在参与政府和社会资本合作时一般是基于公共利益，其享有一定的行政特权是毫无疑问的，可见政府和社会资本合作的合同公法性质还是很显著的，因此政府和社会资本合同不能被归为普通的民事合同。这样的集合公法与私法双重性质的合同决定了政府和社会资本合作的独特性。[1]

（二）政府和社会资本合作意义

1. 缓解地方财政负担

开展政府和社会资本合作有利于创新融资机制，具有融资功能，能

[1] 湛中乐，刘书燃．PPP 协议中的法律问题辨析［J］．法学，2007（3）．

够很好减轻地方债负担。政府和社会资本合作吸引民间投资，改变了由政府单一提供资金的传统方式。过去的模式是社会资本先进行投资建设，之后政府再把钱归还给社会资本，地方债务只是暂时缓解。而现在的政府和社会资本合作从开始就让社会资本参与进来，资金压力和收益共担，有效减轻了地方债务负担。

2. 提高效率

政府部门作为公共事业部门对某些专业事务很难像企业一样专业，建设过程中会产生不必要的问题，而这些问题如果由社会资本来做就不会出现。因此社会资本负责项目运营维护，利用其专业性来提高效率，达到快速收益的效果。

3. 激发市场活力

利用政府和社会资本合作这样的创新服务机制，向社会投资特别是民间资本敞开大门，打破不合理的垄断和市场壁垒，营造权利公平、机会公平、规则公平的投资环境，使投资者在平等竞争中获取合理收益，更有利于激发市场主体活力和发展潜力，改善当前投资动力不足的状况，稳定有效投资，增加公共产品供给，促进经济发展。

4. 带动地方企业发展

当政府和社会资本合作模式中的社会资本是国际企业时，可以利用政府和社会资本合作项目来促进当地企业的发展。在项目中，因国际企业的地域差异所以需要当地企业对特定项目进行承包。也就是国际企业可以在土木工程、电气工程、设施管理、安全服务、清洁服务、维修服务的方面为当地企业提供分包的机会，带动当地企业发展。

二、政府和社会资本合作面临的法律问题

（一）适用范围的确认

政府和社会资本合作模式的适用范围存在的意义是，对看似具有可行性的政府和社会资本合作项目进行规定，避免在是否实施政府和社会资本合作项目时产生不确定的风险。因此在法律制度的构建中对政府和社会资本合作项目适用范围的规定是有必要的，且需要全方位的对此进

行限制。也可以说是对项目进行一下识别。

我国目前规定适用范围的方法主要是兜底条款列举法，且法律位阶不高，以规章制度为主。例如，《国家发展改革委关于开展政府和社会资本合作的指导意见》第3条规定："政府和社会资本合作模式主要适用于政府负有提供责任又适宜市场化运作的公共服务、基础设施类项目。燃气、供电、供水、供热、污水及垃圾处理等市政设施，公路、铁路、机场、城市轨道交通等交通设施，医疗、旅游、教育培训、健康养老等公共服务项目，以及水利、资源环境和生态保护等项目均可推行政府和社会资本合作模式。"这种带"等"字的兜底条款很好地解决了不能完全概括适用政府和社会资本合作项目的问题，但也带来了不确定性，会使各部门产生是否应该适用政府和社会资本合作的迷惑，因此此种方式是具有缺陷的。同时，法律位阶低下导致其法律强制力不够，并不能起到规避风险的作用。

（二）中期审核评估机制缺乏[1]

以轨道交通政府和社会资本合作项目为例。由于轨道交通项目的融资建设特点，此类项目一般需要比较长的时间来完成。这样的长期项目在签约时无法预见未来的所有事情，即使预见也会随着项目的进行而变化，因此及时进行评估是非常重要的。大部分项目重视了项目前期的评估，却忽视了项目过程中的评估。政府和社会资本合作的定期评估的意义有两个方面：第一个是为项目双方的利益考虑，进行定期审核评估有利于作出最佳方案；第二个是监管部门可以利用定期的审核评估对项目进行监管。

当前政府和社会资本合作项目评估主要是体现在《市政公用事业特许经营管理办法》中提道："主管部门应对项目进行中期评估，一般评估周期不超过两年，特殊情况下可以进行年度评估。"事实上实践中也只有基本评估，或者五六年之后有一个简单的评估。从法条到实践都可以看

[1] 徐向东．PPP项目实践的十大问题［EB/OL］. http：//www.dfdaily.com/html/8757/2014/12/2/1210965.shtm.

出对中期评估的缺失，监管作用也没达到，风险也因此而提高了。

（三）纠纷解决救济途径不明确

从法理上看，政府和社会资本合作模式的合同的行政属性非常突出，政府部门在合同中具有很多特权，比如合同履行的领导权、单方面变更合同的权力、单方面解除合同的权力和制裁的权力。政府和社会资本合作的协议具有行政属性，因为其目的是履行行政管理职责的需要。此合同虽然本着契约自由的精神进行签订，但是并不能改变其行使行政权力的本质。自由签订只是一种形式，本质上这份自由签订的合同还是为公权力服务的。那么在政府未履责或侵犯社会资本利益时，还是应该以“行政主体侵权”进行诉讼。但是我国的行政诉讼制度并不适用于此。现有行政诉讼无法对合同进行很好的救济。比如《行政诉讼法》更多的关注于行政部门在行政行为的合法性，法院也会专注于对行政程序和行为进行裁判，而极少关注于法律事实。而且行政诉讼不适用于调解制度，这也在一定程度上制约了当事人双方在解决纠纷过程中的积极性。同时，政府和社会资本合作协议的签订基于自由契约，双方权利义务可以自由商定，明显也具有私法的性质。[1] 这样双重的法律属性，目前我国并没有完全适合的诉讼程序来规制，因此合同一旦发生问题，政府和社会资本都会陷入比较尴尬的境地。

（四）项目监管不到位

政府和社会资本合作模式中，私人部门追求的主要是经济利益，而政府追求的是社会公共利益。二者目的不同，因此一旦政府出现监管不到位的情况，私人部门出于节省成本考虑很可能会影响产品和服务质量。从实践角度看，政府和社会资本合作项目的期限很长，很有可能经历几任政府，每一届的政府都有可能改变当地的发展策略，当获得利益超过违背合同的损失时，政府部门很有可能出现失信违约的行为。一旦在合同履行时出现了问题，那么毫无疑问社会资本会受到比较大的损害。因此设立一个独立的监管机关，不仅监管政府也监管社会资本，是我们需

---

[1] 湛中乐，刘书燃．PPP 协议中的法律问题辨析［J］．法学，2007（3）．

要考虑的问题。

同时，当前政府和社会资本合作项目监管的主要依据是原建设部2005年发布的《关于加强市政公用事业监管的意见》，此意见表示由市政公用事业主管部门对监管负责。还有2004年的《市政公用事业特许经营管理办法》，其虽然从市场准入制度、核算和监控企业成本、履行法定义务情况、经营计划实施情况、产品和服务的质量以及安全生产情况等角度出发进行监督管理，但是由于经验缺失，条款不细致明确，在实践中还是比较难实施的，基本上是一纸空文。

（五）投资者保护机制不健全

对于政府来说，政府和社会资本合作模式属于新兴事物，各方面体制均不健全，因此对投资者的保护还需要时间来完善。在政府和社会资本合作中，政府具有一定特权，而且是政策的制定者，投资者在政府和社会资本合作模式中的风险较大，因此会影响投资者参与的积极性，不利于政府和社会资本合作的发展。

目前政府以行政政策主导公私合作的发展，政策的反复性和不稳定性严重影响了实践过程中问题的解决，并带来了很大的风险。现阶段的政策规定为指导意见、通知等规章，法律位阶明显不够，稳定性差，这对整个政府和社会资本合作项目的完成都带来了很大的困难。还有以现行的法律制度，没有格式化合同和法律的支撑，双方都是自由的拟定合同。因为政府和社会资本合作的复杂性，那么合同的权利义务配置就需要经过长时间的谈判，甚至是否进行政府和社会资本合作都要进行长时间讨论，因此前期费用和融资成本高昂。一些企业在这个阶段就会望而却步，对此模式的普及开展非常不利。

现在很多社会资本投资者对此持观望态度，参与政府和社会资本合作模式的积极性还未展现出来。政府和社会资本合作模式在当前的优越性不言而喻，而吸引社会资本参与进来的前提是其对项目成功具有自信。为了增强投资者信心，保护投资者利益，政府应在考虑我国国情的基础上，参照国外先进国家的做法，研究制定相关推动措施，促进私营企业以政府和社会资本合作模式参与城市基础设施建设。

三、域外政府和社会资本合作经验借鉴

（一）利用项目特点确定范围

关于适用范围，有地区采用完全列举法。比如《柬埔寨王国关于BOT合同的法规》第3条规定，只有柬埔寨发展理事会（Council for the Development of Cambodia，以下简称CDC）或柬埔寨王国政府授权的部门宣布的基础设施项目才是政府和社会资本合作项目的客体。该类基础设施包括下列项目：电厂、道路、高速路、港口、网络、铁路、民用住宅、医院、学校、机场、体育场、旅馆、新建城市、水电站、水坝、工厂、净水厂及垃圾处理。中国台湾地区的“促进民间参与公共建设法”第3条规定，“本‘法’所称公共建设，指下列供公众使用或促进公共利益之建设：一、交通建设及共同管道。二、环境污染防治设施。三、污水下水道、自来水及水利设施。四、卫生医疗设施。五、社会及劳工福利设施。六、文教设施。七、观光游憩重大设施。八、电业设施及公用气体燃料设施。九、运动设施。十、公园绿地设施。十一、重大工业、商业及科技设施。十二、新市镇开发。十三、农业设施”。

多数国家出台一定标准，比如通过对政府和社会资本合作的定义、行业特点以及评估项目可行性等来衡量是否适用政府和社会资本合作项目。

例如英国政府就把“物有所值”（value for money）视为一个政府和社会资本合作项目的核心标准。英国出台的“物有所值”评估指南（Value For Money Assessment Guidance）指出，“物有所值”的定义为全生命周期的成本与质量的商品或服务以满足用户的需求的最佳组合（或满足项目目的），可以看出这并不是一种基于低价的投标货物和服务的选择。为了进行更好的采购管理，在前期，也就是在采购的最早阶段考虑在采购过程中的主要促成因素是什么是很有必要的。此份指南也指出一些关键的促成因素，比如风险达到最佳分配，专注于全生命周期的花费是否能减轻成本，关于配套服务的整体计划和设计，如何利用产出的详细方案，能够严格执行的风险转化，足够的灵活性，保证在采购时

有充分的动机也就是是否能及时提升自己的服务，合同的格式是否合格也就是有严格审慎的权利义务分配，足够的技巧和经验，最后是对整个方案的掌控，是否有能力管理整个项目的各个方面。英国把这项评估的程序分为三部分，❶ 第一是对规划阶段的评估，此阶段需要判断此方案是否仅有的最适宜的与是否有可能展现最佳的“物有所值”；第二是项目阶段的评估，此阶段是全面考虑了此项目的风险指标，如果“物有所值”能够大于风险指标，那么就可以进入第三个评估阶段；第三是采购阶段的评估，主要考察并反馈项目的计划和实施初期的市场信息，投标过程中的交易成本及投标者的能力状况等，并评估通过风险转移所带来的“物有所值”和由于引入竞争而产生的费用问题。如果无法展现最佳的“物有所值”项目，那么就会将其延期或返回项目评价阶段重新进行评价。在实践中，比如在 MoD Hawk Synthetic Training Service 的项目中，国防采购局的首席谈判代表和项目经理在回答此项目是否是“物有所值”的问题时表示：“如果不是这样的话我们是不会签合同的，物有所值是此项目的闪光点，这个项目的瞩目之处在于：此项目由社会资本来做比由公共部门来做降低了 23%的价格，这其中还包括风险转移和现金储蓄所消耗的成本。”澳大利亚、欧盟、美国均运用了“物有所值”的概念。

（二）建立定期审核机制

在伦敦地铁政府和社会资本合作模式中，有一个非常显著的特点就是在政府和社会资本合作项目中设置了一个定期审核的机制，使签约各方在政府和社会资本合作的框架内每 7.5 年就重新约定合约条款。为了公正有效地审核评估，专门设立了一个“仲裁者”，这是一个由运输大臣任命的独立权威，由他判断正处于运行阶段的经济且有效的公司的成本水平（包括财务成本），其核心任务是确定政府和社会资本合作公司为完成合同订立的投资回报率所提出的价格水平是合理的。在每次阶段性审核过程中，“仲裁者”审核的内容主要包括三个方面：价格、工作范围和

---

❶ 高会芹，等．基于 PPP 模式国际实践的 VFM 评价方法研究——以英国、德国、新加坡为例［J］．项目管理技术，2011，9（3）．

融资安排。这样不断调整的合同审核评估，一方面有力的保障了合同利益，另一方面也有效的进行监管。

如此设计的考虑在于：政府和社会资本合作项目的期限通常较长，而轨道交通建设和运营标准、成本和收益，以及政府和社会资本合作协议中的其他因素会随着时间的推移发生变化，而且这些因素又无法在合同签订时完全预见到。因此，设立这样的机制可以保证政府和社会资本合作项目具有相当的弹性，以及工作外包后对整个项目依然具有充足的控制力，因为这样的评估是对整个项目的全方位审核。在伦敦地铁政府和社会资本合作模式中设计的专门的“仲裁机制”，可以帮助合作各方之间建立信任的关系，同时确保合约重新审核的独立性和权威性，保证合约的有效执行和双方公平的关系。❶

（三）纠纷解决机制

大多数国家利用私法解决纠纷。比如澳大利亚利用合同法这样的私法来规制政府，一方违法，另一方可以起诉。若企业违法，将会失去声誉和今后参与其他项目的机会，若政府对项目判断失误，选民也会在选举中用投票来表达意见。❷ 再者如美国，事实上美国政府与社会资本签署的合同叫做公共合同。而公共合同的纠纷解决参考了很多民事合同法的原则，比如当事人双方可以自由约定纠纷解决的方式。如果社会资本认为政府的行为侵犯了自己的权利，或者在合同变更、请求付款等方面发生纠纷的，除可以依照合同中双方约定的解决方法之外，也可以依据1978年制定的《美国合同争议法》来解决。《美国合同争议法》规定纠纷解决机制有三步，第一步是内部审查程序。社会资本向政府内部专门处理此类纠纷的工作人员提出书面请求，并提供具体的主张理由和证据。这一步是强制性的前置程序，一旦不遵守此程序，那么社会资本将失去进一步救济的权利。这个前置程序的设立是为了将纠纷通过内部程序进行协商解决。第二步是行政复议或者法院起诉。如果当事人不服上一步

---

❶ 王灏．伦敦 PPP 模式仲裁机制［J］．中国投资，2005（4）．

❷ 杨光．澳大利亚政府与私人企业：在 PPP 融资模式中取得双赢［EB/OL］．http：//www.cfen.com.cn/web/meyw/2014－02/11/content_1055338.htm.

的决定，可以向合同上诉委员会提出申诉，或向美国联邦索赔法院提出诉讼。第三步是向法院上诉。对合同上诉委员会和联邦索赔法院的裁决不服，可以向联邦巡回上诉法院提出上诉。❶

（四）成立独立监管部门

各国监管机构的主体是政府，但包括多种形式：比如英国在综合行政部门中设立相对独立的监管机构，财政部负责所有政府和社会资本项目政策的制定，国家审计署和公共事业管理委员会负责对相关政策方面进行调查研究并提出意见，财政部下属的公私合作署通过建议及指南对地方政府提供公私合作的项目支持，并帮助其制定标准化合同；比如新加坡是依托现有行业主管部门，设立行业法定机构同时行使服务和监管的双重职能；还有世界银行和亚洲开发银行建议，发展中国家设立单独的政府和社会资本合作部门，并让其行使监管职能。以上提到的国家或地区均有单一的部门负责政府和社会合作的政策制定和准入监管。❷

四、完善我国政府和社会资本合作的建议

（一）引入项目评价系统

笔者认为对于如何在立法中明确政府和社会资本合作项目的范围问题，我们首先要确认政府和社会资本合作项目存在的主要意义是什么。对于政府而言，最应关注的是用政府和社会资本合作能否提高项目的建设和运营效率。❸ 我们也可以参考英国政府和社会资本合作项目中的概念，引入"物有所值"的项目评价系统，以此系统作为政府和社会资本合作项目开始的前置程序，在项目开始前进行评估来有效避免政府和社

---

❶ 常江．美国政府购买服务制度的研究和启示//政府法制简报［EB/OL］. http：//www. shanghailaw. gov. cn/fzbChinese/page/researchreport/legalwordbrief/legalwordbrief201221363. htm.

❷ 王守清，刘婷．PPP 项目监管：国内外经验和政策建议［J］. 地方财政研究，2014（9）.

❸ 王守清，程珊珊．国内外 PPP 项目适用范围"PK"［J］. 施工企业管理，2014（9）.

会资本合作项目的选择错误。我们可以在立法中以是否具有“物超所值”的特点来规定政府和社会资本合作项目的范围。结合我国目前情况，挑选出几项促成因素，比如直观上的性价比是否最高，全生命周期来衡量的价格是否最优，综合经济、社会效益考虑的性价比是否最高等几个方面，要求在经过评估之后才能作出是否进行政府和社会资本合作模式的决定。前文所述的完全列举法和兜底条款列举法，都明显存在着问题。因此笔者认为利用本土化过的项目评价系统将有效避免风险问题，这种评价系统是非常值得我们关注的。

（二）创建定期审核评估机制

笔者认为伦敦的“仲裁者”机制通过中期评估来不断调整合同，使合同变得合理和双赢，同时“仲裁”部门独立于政府和社会资本合作项目之外又确保了公平和权威，这样的定期审核机制可以有效保证项目成功实施，因此非常值得借鉴。自 2002 年以来，以北京为首的地铁在新线建设过程中也开始尝试采用政府和社会资本合作模式，但此类政府和社会资本合作项目有着时间长的特点，因此难以在前期就作出最佳合同。按我国项目合同签订的传统做法，在项目实施过程中，难以对合同进行调整。而伦敦地铁政府和社会资本合作中的“仲裁者”机制设计得比较合理，保证了项目的弹性，可以较好地协调各方的利益关系，为合约的有效执行提供了制度保障。虽然轨道交通行业的特点，决定了轨道交通的政府和社会资本合作项目的多样性，且政府和社会资本合作项目范围广，很难全部使用此机制，特别是在实践过程中又要考虑许多国情因素，但伦敦地铁政府和社会资本合作中定期审核的思想和原理还是值得我们借鉴的。

（三）完善纠纷解决机制

目前，我国在如何对纠纷进行妥善解决的问题上，前文中已经提到政府和社会资本合作既显示了公法属性又显示了私法属性，且我国没有合适的诉讼法，那么我们可以参照美国的《美国合同争议法》，建立专门针对此类合同的法律条文，根据我国国情，与我国民事诉讼制度、行政诉讼制度和仲裁制度相结合。可以参照美国纠纷解决机制：为了减轻诉讼成本，先在政府内部设立专门部门，把政府内部裁决的方式作为前置程序，如果协商失败再进入诉讼程序。并应当允许双方当事人自由选择利用公法、私法或者仲裁来解决纠纷。这也是尊重政府和社会资本合作双方以合意为主的自由契约精神。

（四）监管机制创新

监管体制改革重在监管方式的变革，政府实施科学有效的监管方式，寻求新的途径，将有助于项目实施中的行为，消减二者之间的信息不对称，从而提高合作水平。我国目前在推动政府和社会资本合作模式的政府部门还是财政部、发改委等非独立部门，且两者各自颁布的规定没有得到统一，监管责任不明确，因此设立监管机构独立于政府并且只在必要时接受政府管理是非常有必要的。进一步讲，也可以制定相应的法律法规并建立各级政府机关联合互动的促进机制。政府可以考虑成立跨部门的协调推动小组，由发改委、财政部、交通部、建设部等的涉及城市基础设施项目管理与建设的单位共同参与。同时，让几个部门的相关主管人员到专门机构参与联席会议，利用其专业性和大量的实践经验共同对政府和社会资本合作项目进行指导和法律法规制定，将会更有效地保证项目的成功实施。

（五）建全投资者保护机制

笔者认为为了保护投资者利益，[1] 要提供强制机制来保障政府和社会资本合作项目的顺利开展。没有保护就没有合作，只有保护机制健全了才能吸引社会资本参与进来，带动整个市场活力，增加双方收益。

首先要把现在的规章提升到法律层面。设立高位阶的相关法律法规有利于政府和社会资本合作的开展。单独立法的意义在于把强制力提高，投资者有了法律的保障就会提高其参与积极性，有利于政府和社会资本合作的发展。

其次政府应依照公开的原则，在政府和社会资本合作合同中行使特

---

[1] 徐伟．项目融资的 PPP 模式如何设计？［EB/OL］．http：//www. zhihujingxuan. com/21635. html.

权时，充分履行说理义务，并且在采取行动前通知社会资本。在实践当中，政府为保护公共利益而作出行政决定时，或者在政策变动时，在不危害公众利益的情况下应及时对社会资本进行告知，避免因信息不对称造成的损失。监管部门可以把政府是否公开透明列入监管范围，有了监管的保障，社会资本才能够提高参与项目的积极性。

同时，还可以研究制定行业通用的政府和社会资本合作项目实施法律规范。由于城市基础设施种类繁多，性质复杂多变，因此政府和社会资本合作项目的实施也会有所不同。比如在国家体育馆鸟巢的项目中，由于项目实施细则不足，产生了很多问题。社会资本在签订合同后，政府要求减少体育场中的商业设施，取消活动屋顶等，限制了项目公司对体育馆的商业化运行，损害了社会资本的经济利益，没有达到预期的收益。

结　论

政府和社会资本合作模式在国内应用前景利好，相信会成为地方政府接下来几十年的重要融资途径。首先中央政府层面，财政部，发改委接连发文，从《关于推广政府与社会资本合作模式的通知》到发布《政府和社会资本合作模式操作指南》，最近又刚刚公布了几十个政府和社会资本合作项目并计划逐步增加，推动力度是非常大的。其次当前经济增长放缓，政府财政资金相对有限，地方政府需要投资，需要基础设施，这时候政府和社会资本合作就是非常理想的模式。既可以撬动社会资本活跃市场，又可以利用社会资本来管理运营。社会资本利用其专业性和高效率获得巨大优势，不可否认市场经济条件下公司的运营管理会比纯政府运营管理效率会高很多，政府和社会资本合作模式的需求既大，而且又符合我国市场化改革的大方向。

政府和社会资本合作是实践走在理论之前的项目，因此在制度建设上需要完善的东西还有很多。笔者作为本科生，对于政府和社会资本合作模式的理解有限，其定义和过程繁杂，且各国国情不同发展程度不一样，学界也对政府和社会资本合作没有权威广泛的认识。通过笔者了解，我国政府和社会资本合作模式也有许多因为更深层的原因导致失败的，因此在此只讨论其基础法律问题，参考国内外实践和立法经验谈一谈自己的看法，请老师批评指正。

参考文献

[1] 湛中乐，刘书燃 . PPP 协议中的法律问题辨析 [J]. 法学，2007 (3).

[2] 徐向东 . PPP 项目实践的十大问题 [EB/OL]. http：//www. dfdaily. com/html/8757/2014/12/2/1210965. shtml.

[3] 高会芹，刘运国，亓霞，等 . 基于 PPP 模式国际实践的 VFM 评价方法研究——以英国、德国、新加坡为例 [J]. 项目管理技术，2011，9 (3).

[4] 王灏 . 伦敦 PPP 模式仲裁机制 [J]. 中国投资，2005 (4).

[5] Jeffrey Delmon. Public-Private Partnership Projects in Infrastructure：An Essential Guide for Policy Makers [A]. Cambridge University Press.

[6] 杨光 . 澳大利亚政府与私人企业：在 PPP 融资模式中取得双赢 [EB/OL]. http：//www. cfen. com. cn/web/meyw/2014－02/11/content _ 1055338. htm.

[7] 常江 . 美国政府购买服务制度的研究和启示 [EB/OL]. http：//www. shanghailaw. gov. cn/fzbChinese/page/researchreport/legalwordbrief/legalwordbrief201221363. htm.

[8] 王守清，刘婷 . PPP 项目监管：国内外经验和政策建议 [J]. 地方财政研究，2014 (9).

[9] 王守清，程珊珊 . 国内外 PPP 项目适用范围 PK [J]. 施工企业管理，2014 (9).

[10] 徐伟 . 项目融资的 PPP 模式如何设计？[EB/OL]. http：//www. zhihujingxuan. com/21635. html.

[11] Peter Scharle. Public-Private Partnership (PPP) as a Social Game [C]. Innovation The European Journal of Social Science Research.

[12] S Kumar，CJ Prasad. Public-private partnerships in urban infrastructure [J]. Kerala Calling.

[13] Ke Yongjian，Wang ShouQing，Chan，Albert P. C. . Risk management practice in China's Public-Private Partnership projects [J]. Journal of Civil Engineering & Management.

我国碳排放权交易的现状及其完善

学　　生　朱雪飞

指导教师　蒋　颖

摘　要：2016年4月22日，是联合国地球日，近200个国家签署了《巴黎气候变化协定》，此条约早在2015年12月在巴黎气候变化大会上就一致通过，而此次签署，预示着该项国际协议正式生效。可以说，该协定的签署，对于应对气候变化、保护地球环境具有跨时代的意义。协定中，各方将自主贡献，主动积极地应对气候变化。碳排放权交易，作为一项行之有效的保护环境以及大气的手段，越来越被各个国家所接受和重视，并成为许多国家控制温室气体排放的重要手段。我国作为全球最大的二氧化碳排放源，碳排放量超过全球总量的27%，是美国和欧盟的两倍。因此，中国要维护自己在国际上的大国形象，就必须积极努力地承担相应的国际责任，积极促进协议的推进。而我国作为第一个用碳交易体系控制二氧化碳排放的发展中国家，构建完善的碳排放权交易体系无疑是一个巨大的挑战。本文对我国碳排放权交易的现状进行了研究，发现其存在的问题，并讨论对其进行完善。

关键词：碳排放权　碳排放权交易

前　言

2015年12月，习近平主席在巴黎气候变化大会上称中国将建设碳排放权交易体系。实质上，在2014年的《中美联合气候变化声明》中我国就已向世界宣布构建碳排放权交易体系，并努力于2030年达到碳排放峰值。而根据评估，我国若要想在2030年达到碳排放的峰值，则要在2020年提前实现碳排放峰值。在过去不久的2016年两会中，该目标已经被写入“十三五”规划中，因此构建碳排放权交易体系，不仅是我国提早达到碳排放峰值的重要手段，对于完成“十三五”规划的任务也尤为重要。

本文在我国目前所处的大环境下，通过对我国碳排放权交易现状的研究，试着寻找出我国目前碳排放权交易体系构建有待改进的地方，并对我国碳排放权交易体系的构建和完善提供一定的建议。

一、碳排放权交易的基本含义

关于碳排放权交易的基本概念，必须要明确碳排放权交易是由政府主导的，在此基础上，通过相关机构的精确核算，在总量控制的前提下，政府将相关配额发放给参与碳排放权交易的企业，企业在政府发放的配额内进行温室气体的排放，当企业排放的配额多于政府分配的配额时，企业可以通过向其他企业购买排放配额或者采取其他的清洁发展机制以达到配额的平衡，若企业不采取一定的措施使配额达到平衡，将会受到一定的惩罚的一种控制温室气体排放、保护环境的制度。这种制度与我国传统的排污收费制度相比，优势明显，即将行政主导转向市场主导，更能够激发企业保护环境的积极性，避免因污染代价小于企业盈利而产生的弊端。从而起到控制温室气体排放总量，减少环境污染，保护人类生存环境，提高人类生活质量，减少对子孙后代生活环境的损耗的作用。

二、碳排放权交易的起源和发展简况

碳排放权交易发展至今与三项国际条约相关。

1.《联合国气候变化框架公约》

《联合国气候变化框架公约》(*United Nations Framework onvention on Climate Change*)。该公约于 1992 年 5 月 9 日在纽约通过，简称《框架公约》。公约中称“将大气中温室气体的浓度稳定在防止气候系统受到危险的人为干扰的水平上”。同年，该协议在里约环境发展大会上正式签署。根据条约的宗旨，要求将温室气体排放稳定在三个要求之下：①能够促使生态系统自然发展；②粮食生产免受损害；③经济发展可持续。

2.《京都议定书》

该项协议订立于1997年，于联合国环境与发展大会上通过。该协议将“2008～2012年内将温室气体排放量从1990年的平均水平减少5.2%”作为41个发达国家的法定义务。就是在该项条约的义务下，欧盟发展成为世界上最大的碳排放权交易体系。

3.《巴黎协定》

2016年4月22日，《巴黎协定》正式缔结，开启了多元的全球治理体系，将全球气候治理推向了新阶段。此协议规定了所有缔约国的法定减排义务。

具体而言，《联合国气候变化框架公约》实际上是人类开始认识到大气污染对人类的影响的开端，它提出了人类对于环境利用的基本原则，就是在环境容量的范围内对环境加以利用，能够满足人类生活的需求，而不对环境产生剧烈的影响。《京都议定书》则是在此基础上发展起来的人类采取具体措施来控制温室气体排放的开端，在此协议的基础上，各国纷纷提出控制温室气体排放的措施，碳排放权交易即由此发展而来。实际上，碳排放权交易首先是由美国经济学家提出，用于大气污染和河流污染的管理，而后，世界银行和荷兰率先开展。并在《京都议定书》框架下由欧盟发展壮大，而目前发展最完善和最大的交易体系是欧盟。

《巴黎协定》的签署，标志着全球控制温室气体排放的开端，各方将积极应对气候变化。而碳排放权交易将会成为条约国家履行条约义务的重要手段。众所周知，《京都议定书》只规定了发达国家的减排义务，而没有规定发展中国家的减排义务，而《巴黎协定》则规定了所有签署国家的减排义务，也就是说，它对全球碳排放权交易体系的建立有着深远的意义。

三、碳排放权交易在我国的发展现状

（一）试点取得显著成绩

由于《京都议定书》只规定了41个发达国家的法定减排义务，所以在减排的过程当中波折不断。由于发展中国家并没有承担法定的减排义务，所以发达国家认为这是极为不公平的。但是发展中国家却认为，目前大气中超排的温室气体都是由于发达国家前期工业化的过程中造成的，理应由发达国家承担相应的减排义务，若由发展中国家承担了减排义务，那么对其也是极为不公的。发达国家与发展中国家争论不断，因而《京都议定书》也并没有达到其所预期的效果，美国退出《京都议定书》即是典型代表。后期，由于欧盟一直不断地努力，“如果其他发达国家进行同等规模的减排并且经济较发达的发展中国家在其责任和能力范围内做出适当的贡献，那么欧盟愿意继续努力并在一个雄心勃勃且全面的国际协议的框架内签订减排30%的目标”，使得许多发展中国家参与其中。而我国为履行与我国国际地位相应的国际义务，2011年国家发改委下发了《关于开展碳排放权交易试点工作的通知》进行试点，首先由北京、天津、上海、深圳、重庆、湖北、广东7省市作为试点城市，就我国的碳排放权交易进行不同的尝试。7省市结合自己自身的特色，进行了不同的尝试，在配额分配、交易商品、交易机制方面采用不同的模式，取得了显著的成效。截至2015年8月底，中国7个碳排放交易试点城市累计交易地方配额约4024万吨，成交额约12亿元；累计拍卖配额约1664万吨，成交额约8亿元。取得了显著成绩。[1]

（二）全国碳排放权交易市场建立势在必行

自2011年10月国务院下发《国务院关于加快培育和发展战略性新兴产业的决定》以来，国家发布的众多政策文件，比如《国家应对气候变化规划（2014～2020年）》《中美气候变化联合声明》等都明确提出建立全国碳排放权交易市场，着力构建碳排放权交易机制。同时国家领导人高度重视。除了在《中美联合气候变化声明》中宣布建立碳排放权交易体系外，主席习近平在2015年11月30日出席巴黎气候变化大会开幕式，发表的题为《携手构建合作共赢、公平合理的气候变化治理机制》的讲话中，再次明确表示将建立全国的碳排放权交易市场，并在近期的国家发展规划中明确于2017年建立全国碳排放权交易体系。截至2016

[1] 刁凡超．中国碳排放交易地方配额已累计约4024万吨［J］．搜狐首页，2016（3）．

年 4 月 30 日，四川成为第八个碳排放权交易省，全国碳排放权交易市场的建立正在紧锣密鼓的筹备中。

然而在碳排放权交易试点取得可喜成绩的同时，碳排放权交易制度仍然存在许多有待改进的地方。

四、我国碳排放权交易发展存在的障碍

（一）立法效力等级不高

表 1 为国家层面发布的法律政策文件，各省市发布的法律政策文件详见《中国碳市场调查报告 2016》第 36～43 页。[1]

表 1　国家层面发布的相关法律政策文件

发布时间	文件名称	文号	发布机构
2014/12/12	碳排放权交易管理暂行办法	发改委令第 17 号	国家发改委
2015/5/5	中共中央国务院关于加快推进生态文明建设的意见		国务院
2015/5/14	国家发展改革委关于落实全国碳排放权交易市场建设有关工作安排的通知	发改气候〔2015〕1024 号	国家发改委
2015/6/30	强化应对气候变化行动——中国国家自主贡献		国务院
2015/8/10	国家发展改革委气候司就《全国碳排放权交易管理条例（草案）》涉及行政许可问题举行听证会		国家发改委气候司
2015/8/31	2014 年林业应对气候变化政策与行动白皮书	办造字〔2015〕134	国家林业局办公室
2015/9/21	中共中央国务院印发《生态文明体制改革总体方案》		国务院
2015/9/26	中美元首气候变化联合声明		国务院

[1] 《中国碳市场调查报告 2016》，北京环维易为低碳技术咨询有限公司。

续表

发布时间	文件名称	文号	发布机构
2015/11/3	中法元首气候变化联合声明		国务院
2015/11/3	中共中央关于制定国民经济和社会发展第十三个五年规划的建议		国务院
2015/11/11	国家发展改革委办公厅关于印发第三批10个行业企业温室气体核算方法与报告指南（试行）的通知	发改办气候〔2015〕1722号	国家发改委
2015/11/16	关于发布温室气体核查员注册方案的通知	中认协注二〔2015〕286号	中国认证认可协会
2015/11/20	关于批准发布《工业企业温室气体排放核算和报告通则》等11项国家标准的公告	国家标准公告2015年第36号	国家质检总局、国家标准委
2015/12/22	在银行间债券市场发行绿色金融债券有关事宜公告	中国人民银行公告〔2015〕第39号	中国人民银行
2016/1/22	国家发展改革委办公厅关于切实做好全国碳排放权交易市场启动重点工作的通知	发改办气候〔2016〕57号	国家发改委

近期《全国碳排放权交易管理条例（草案）》送交国务院审核，意味着有关于碳排放权交易的最高法律文件即将出台，在此之前，最高法律文件是2014年12月12日，国家发改委应对气候变化司出台的《碳排放权交易管理暂行办法》，再就是由各省市自己制定的行政法规和政府规章，而据统计只有北京市和深圳市存在地方性法规，其余地方都是政府规章。也就是说我国目前关于碳排放权交易的法律规范除了部门规章《碳排放权交易管理暂行办法》以外，主要还是地方性政府规章，而重庆市和天津市仅有规范性文件。

从立法的角度来讲，根据《立法法》第 64 条和第 73 条的规定，地方性法规主要是根据自己区域的实际情况，为解决本地问题而设定的，而政府规章只可以在上位法的基础上对法律进行细化。而我国目前针对碳排放权交易的立法，显然是与《立法法》的规定不相符的。在设定处罚方面，根据《行政处罚法》第 11 条和第 13 条的规定，地方性法规可以设定的处罚范围较宽，除限制人身自由、吊销企业营业执照以外的行政处罚均可设定；而政府规章只可以在上位法的基础上对其进行细化，若设定处罚，则只能够设定警告或者一定数量罚款。因此可以看出行政法规和地方性法规的处罚设定力度明显不够，这显然对于规制违法行为是非常不利的。并且，当发生诉讼的时候，地方性法规可以作为法院断案的依据，而政府规章却不能作为法院的断案依据。

因此，从我国目前碳排放权交易的制度体系看，立法效力等级明显偏低。政策偏多，其约束力明显不够，并且由于其不是依靠国家强制力实施的，虽然也会被遵守，但是威慑力明显不够。因此，许多企业存在侥幸心理，拒不履行义务。甚至有企业因为违法成本较低，而故意不履行义务。

（二）碳排放权的权利属性仍然没有明确

纵观国家的各项文件，对于碳排放权交易的权利属性仍然没有明确，碳排放权交易的权利属性，一直是学界争论的焦点，不同的人有不同的看法。有的人认为碳排放权是排污权[1]的一种，即是权利人依法享有的对环境容量享有并取得收益的权利；有学者主张应该以《京都议定书》中的理解来对碳排放权进行定义；还有学者主张，碳排放权实际是由行政许可取得的一种排污权。对于权利的界定将会影响相应的制度，影响到碳排放权交易的流通方式，其意义是深远的。而纵观我国的立法文件，几乎没有文件对碳排放权的权利属性做出界定，即便是即将出台的《全国碳排放权交易管理条例（草案）》仍然没有对碳排放权的权利属性给出明确的定义。而地方发布的法律文件中，只有广东省对“碳排放权”进

[1] 碳排放权交易试点初见成效［EB/OL］. 经济参考报．新华网，2016（4）.

行了初步界定，因而使得地方实践缺乏依据。再有就是碳排放权的权利属性比较复杂，它实际上是一种公私兼具的权利，它的这种属性使得碳交易规则的设计影响很大；在试点实践中，由于对碳排放权交易的界定模糊，使得地方政府由于概念不清，而引起了对基本常识的混淆，比如核证减排量，配额交易等。因此，对碳排放权的权利属性进行界定，是非常有必要的，而且是必须解决的问题。

（三）监管部门设置有待完善改进

据统计，在上线首日成交 2 万吨后，深圳市碳交易平台连续近两个月无交易，2013 年半年的总成交额不过 1300 万元；北京市碳市场运行第一个月，线上交易仅成交 13 万多元。这种开市之后不久便没有交易或交易断断续续的情况在各个试点省市普遍存在。而在第一期的统计中，只有天津市提前完成了减排，各个省市都没有达到配额的减排标准，履约成为了难题，各省市想出不同的对策达到履约目标（比如深圳市组织拍卖），据报道，某市在履约期将近的两个星期内，在督导小组的敦促下才完成履约，这其中的原因除了企业的违约成本较低之外，也反映出相关部门的监管不利。

就已经送审的《全国碳排放权交易管理条例（草案）》来讲，其第 3 条规定“国家发展和改革部门是国务院碳交易主管部门，负责碳排放权交易市场的管理和监督”。即管理部门和监督部门是同一个部门，通俗来讲就是自己管自己，这种监管体制的弊端就在自己制定规则并自己监督，容易引发懈怠，并且工作量大，任务繁重，难免会产生监管不到位的情况，这无异于给以后的监管工作埋下了隐患。因此这样的监督管理体制存在一定的问题。

（四）初始分配公平问题亟待解决

从我国的国情来看，目前我国中东西部的发展水平存在着明显的差异，沿海地区和内陆的经济发展水平差距较大，不同的地区、不同的行业间存在较大差距。这对于建立全国统一的碳排放权交易体系存在一定的困难，对于如何解决初始分配的公平性是一个巨大的挑战。

在试点省市中出现了在污染企业与节能减排企业之间产生不公平，

在新企业与旧企业之间产生不公平，以及对其他的社会公众不公平的现象。我国在试点阶段以无偿分配为主，无偿分配的标准大致可分为两种：一种是“祖父法”，即政府通过企业的历史排放标准进行分配；而另一种是“现实基准法”，即依据企业现在的排放量来进行分配。以《广东省碳排放配额管理实施细则（试行）》为例，其规定“综合考虑排放企业历史碳排放量和行业基准水平，合理分配配额”。这种分配方式的弊端就在于，实际上是鼓励了现实的排放量。众所周知，历史排放是企业原有的排放水平，而现实排放是企业实际排放的水平，而按照历史或现实的排放水平，会使企业为了获得更多的排放配额而更加努力地排放，所以对于那些已经通过高新技术改造，实际上已经进行了减排的企业而言是一种巨大的惩罚，反而助长了碳排放，打消企业减排的积极性。环境容量是公共的，并且是有限的，这不符合“每个人享有其健康和福利等要素不受侵害的环境的权利，任何个人或集团不得被迫承担和其行为结果不成比例的环境污染后果”❶。

五、我国碳排放权交易制度的完善建议

（一）制定国家法律和配套的行政法规及规章

笔者认为我国尽快应制定《碳排放权交易法》，这对于更好地推进我国碳市场的构建是非常重要的。同时，我国目前正处于建设社会主义法治国家的重要阶段，通过立法将长期的、基本的目标或举措、政策上升为法律，符合目前我国的法治进程，同时也是依法治国、依法行政的必然要求。欧盟目前是世界上最大的碳排放权交易体，覆盖国家众多、涉及行业众多，2011 年欧盟碳排放交易金额就达到了 1175 亿美元。到目前为止，欧盟已经完成了《京都议定书》的减排义务。而作为一直想当世界霸主的美国而言，美国芝加哥气候交易所、区域性强制减排及交易计划无论规模还是交易金额，都不能与欧盟排放交易机制相提并论。❷

---

❶ 靳乐山．关于环境污染问题是值得探讨［J］．生态经济，1997（3）．

❷ 郝海青．欧美碳排放权交易法律制度研究——兼论我国碳排放权交易制度的构建［D］．青岛：中国海洋大学博士学位论文，2012．

其主要原因就在于美国没有强制的国家立法推进，而是部分州政府采取自愿减排的方式，这些区域性减排组织共同制定减排目标，自愿履行减排义务，显然其在约束力上明显不够。所以其规模也无法与欧盟相提并论。因此，可以看出只有明确法律，才能够建立强有力的市场，才能形成稳定的市场，避免因各种人为原因导致名存实亡的结果。

《碳排放权交易法》应该在《全国碳排放权交易管理条例（草案）》的基础上更加细化明确，应对碳排放许可、初始分配、交易体制、监督管理、法律责任等做出详细的规定。[1] 落实核算到分配到交易的具体细节，并与我国现存的法律体系接轨，形成从行政责任到民事责任甚至刑事责任完善的社会主义法律体系。

（二）明确碳排放权的权利属性

明确碳排放权的权利属性，应该首先明确只有不超过环境容量的碳排放行为才是正当的。而建立碳排放权交易体制的目的就是减少温室气体的排放，从而达到保护环境，保持人类正常生活。法律是统治者的工具，所以在明确碳排放权的权利属性时，不得不考虑其对市场构建的影响和作用以及其后所牵涉的问题。如王明远教授根据《京都议定书》总结了碳排放权所具有的确定性、支配性和可交易性，并认为碳排放权是一种准物权。

笔者认为这是可取的。碳排放权一旦被获得许可，便可以对其进行使用、占有、收益、处分，可以在市场间进行自由的交易，正如王明远教授所讲授的碳排放权具有绝对性、排他性和可支配性，并且是可转让的，这些属性都是物权的基本属性。但是碳排放权与传统的物权又有一定的区别，其客体具有一定的特殊性，它不是传统物权理论中的“物”，它不具有有体性、独立性，而且其比较抽象，要依靠一定的技术手段来实现。因此，其作为物权的属性是不完满的。故此其应为准物权。

---

[1] 王彬辉．我国碳排放权交易的发展及其立法跟进［J］．时代法学，2015（2）：13-25.

（三）打破自己管自己的藩篱

监管体制的好与坏，直接关系到制度的合理程度甚至是执行情况，因此，对于碳排放权交易的监督和管理部门，应该在借鉴别国的基础上，结合自身情况，设置合理的监管机制。

就欧盟而言，其监管体制相对较为松散。众所周知，欧盟是由众多国家组成的，这势必导致其不能像一个国家那样制定完善而统一的监管体制，但是其却在其自身的基础上，形成了自己别具特色的监管机制。即由各国监督管理部门和碳交易平台以及协会制定的规则来监管。相比较而言，美国的监管体系呈现另一模式。在美国，监管体系分布在各州和第三方。因而，其监管的范围比较广，包括对监管对象、监管企业、排放主体，以及第三方机构的监管。此二者都形成了较为严密的监管体制以及较为广泛的监管内容。

就我国目前的立法来看，我国的监管部门也同时是管理部门，与欧盟和美国相比较而言，监管机制明显单一，其弊端显而易见。因此，可以通过借鉴别国，首先从立法上建立我国的碳排放权交易管理监督制度，构建多层次的监督管理机制。其最主要的任务就是破除自己管自己的藩篱。

就我国的体制来看，应该建立多部门相互配合的监管机制，发挥诸如信息部、工业部、中国人民银行等机构的作用。或者另设机构来对碳排放权交易的整个过程，尤其是碳排放权交易存在的风险进监督管理和防控，避免因碳市场初建而发生的诸如价格不稳定等带来的停滞，更有效地推进碳排放权交易体系的构建。

（四）逐步完善初始分配机制

对于如何使初始配额的分配公平公正，笔者认为可以以欧盟为例。在欧盟，配额分配是按照一定的方法由各个成员国首先向欧盟进行汇报，然后欧盟经过审核，在总量控制的前提下再根据各国的国情和公平公正的原则将配额分配。欧盟除了分给各个成员国的配额以外，还自留一定配额用于新建企业或者是拍卖。

因此从我国的实际出发，我国应该坚持有偿分配和无偿分配相结合的原则，结合各地自行申报情况以及各地的实际情况，进行配额的分配，同时自留一定的数量进行宏观调控以使碳市场能够稳定运行，同时要结合自身情况合理发放配额，避免因配额发放过度而导致市场活跃度不高和企业的积极性不足。具体而言要建立全国统一的核算、报告和核查体系，平衡地方的差异性和行业的可比性，实施正向激励的公平配额分配方案，结合国家区域、行业发展战略和重点任务，考虑发展大局与减排政策的协同，合理分配配额。

结 论

2017 年我国将全面建立碳排放权交易市场，2016 无疑是攻坚克险之年，从 2011 年我国试点以来，国家取得了长足的经验，在这种情况下，一定要吸取试点的经验和教训，合理地解决各地存在的的问题，攻克技术难关，建立配套的体制和技术人员，只有这样，中国在建立碳排放权交易市场的道路上才能勇战困难，为中国的蓝天，为世界的气候，为子孙后代造福。

参考文献

[1] 靳乐山．关于环境污染问题是值得探讨 [J]．生态经济，1997（3）．

[2] 王彬辉．我国碳排放权交易的发展及其立法跟进 [J]．时代法学，2015（2）：13-25.

[3] 何晶晶．构建中国碳排放权交易法初探 [J]．中国软件科学，2013（9）．

[4] 冷罗生．构建中国碳排放权交易机制的法律政策思考 [J]．中国地质大学学报，2010（3）．

[5] 白洋．论我国碳排放权交易机制的法律构建 [J]．河南师范大学学报，2010（1）．

[6] 王宪明．中国碳排放权交易的可行性分析 [J]．国家行政学院学报，2009（6）．

[7] 田新．碳排放权交易——理论综述与启示 [J]．红河学院学报，2016（4）．

[8] 孙瑞．我国碳排放权交易体系现状分析及对策 [J]．当代经济，2016（3）．

[9] 郝海青．欧美碳排放权交易法律制度研究——兼论我国碳排放权交易制度的构建 [D]．青岛：中国海洋大学博士学位论文，2012.

[10] 聂力．我国碳排放权交易博弈分析 [D]．北京：首都经济贸易大学博士学位论文，2013.

[11] 韩璐．国际碳排放权交易制度研究 [D]．上海：复旦大学硕士学位论文，2012.4.

[12] 孙志磊．论我国碳排放权交易制度的构建 [D]．石家庄：河北经贸大学硕士学位论文，2011.

[13] 曹付强．试论我国的碳排放权交易 [D]．长沙：湖南师范大学硕士学位论文，2010.5.

[14] 张安娟．碳排放权交易制度研究 [D]．长沙：湖南师范大学硕士学位论文，2011.4.

[15] 谢一鸣．我国碳排放权交易法律制度研究 [D]．赣州：江西理工大学硕士学位论文，2011.2.

[16] 刁凡超．中国碳排放交易地方配额已累计约 4024 万吨 [EB/OL]．搜狐首页 http：//news.sohu.com/20151119/n427083422.shtml，2016.03.

[17] 中国碳市场调查报告 2016 [EB/OL]．北京环维易为低碳技术咨询有限公司，http：//www.tanjiaoyi.com/article—15719—1.html.

[18] 碳排放权交易试点初见成效 [EB/OL]．经济参考报，新华网 http：//news.xinhuanet.com/power/tt/2015—01/26/c_1114127883.htm，2016.04.

[19]《碳排放权交易管理条例（草案）》起草说明.

[20] 齐绍洲，程思．中国碳排放权交易试点比较研究 [EB/OL]．北极星电力网新闻中心 http：//news.bjx.com.cn/html/20150817/653320—2.shtml，2015.8.

[21] 李振梁．全国碳排放权交易管理条例（草案）》细则首度曝光 [EB/OL]．迅视财经 http：//www.tanpaifang.com/zhengcefagui/2016/033151785.html，2016.03.

[22] 贺志名．碳排放权交易试点面临的问题与对策 [EB/OL]．http：//xue163.com/5354/10381/53541709.html.

我国劳动争议处理机制的缺陷与完善

学　　生　黄婉迪

指导教师　张丽华

摘　要： 随着市场经济的到来，如今我国正处在各方面都高速发展的阶段，劳动力资源仍然是我国经济增长的主要动力，劳动者仍然是推动社会发展的强大动力。但是在劳资关系中，劳动者往往处于弱势地位，其相关请求往往涉及生活及生命保障的问题，所以更加高效地解决劳动争议则显得尤为重要。然而即使经过了多次完善，但我国的劳动争议处理机制仍然存在很多问题。本文重在探讨我国劳动争议处理机制的现状，发现不足之处，并提出完善建议，以期能为我国劳动争议处理机制的完善提供依据。

关键词： 劳动争议　处理机制　缺陷　完善

前　言

在市场经济高速发展的现在，市场的发展主要依靠市场自身，在市场中参与竞争的企业、公司等相互竞争相互促进，共同推动了市场的繁荣发展。而劳动力则是企业中的基础“细胞”，劳动者的辛勤劳动使得企业得到发展，为企业提高了在市场中的竞争力，从而企业才能够在市场中得到发展，相应的，整个社会的经济才能够得到发展。所以，劳动者与用人单位这一对法律关系的稳定直接决定了企业能否稳定向前，同时也间接决定了整个大的市场能否稳定发展。劳动者与用人单位关系的平衡稳定，有利于营造更加稳定和谐的市场氛围。劳动争议发生在劳动者与用人单位之间，是影响企业以及社会稳定的重要因素，所以如何更好地处理劳动争议则显得尤为重要。

劳动争议的主体包括用人单位和劳动者双方。随着经济的发展，社会的更迭，劳动争议在不同时期呈现出了不同的特点，与此相应的，劳动争议的处理机制也应该根据当下社会发展的特点进行完善。我国现有的劳动争议处理机制采取几步走的模式，和解、调解、仲裁、诉讼，这是我国劳动争议案件中所用到的处理机制，但事实上我国的劳动争议处理机制并不能完全适应劳动纠纷的现状。虽然我国在立法、执法等方面都对该机制进行了完善，但有些问题仍然没有得到解决，甚至出现了新的问题。所以本文旨在通过对当下问题的发现以及分析，得出症结之所在，并结合其他一些国家相对完善的劳动争议处理机制，提出完善建议。

一、劳动争议的相关概念

（一）劳动争议的内容

劳动争议是指劳动关系当事人之间因权利或利益问题产生的纠纷。具体包括劳资双方在符合劳动法规定的前提下进行的订立、履行、变更、终止劳动合同等行为，以及其他因劳动关系而引起的利益纠纷。《中华人民共和国劳动争议调解仲裁法》（以下简称《调解仲裁法》）第 2 条规定："中华人民共和国境内的用人单位与劳动者发生的下列劳动争议，适用本法：（一）因确认劳动关系发生的争议；（二）因订立、履行、变更、解除和终止劳动合同发生的争议；（三）因除名、辞退和辞职、离职发生的争议；（四）因工作时间、休息休假、社会保险、福利、培训以及劳动保护发生的争议；（五）因劳动报酬、工伤医疗费、经济补偿或者赔偿金等发生的争议；（六）法律、法规规定的其他劳动争议。"[1]

（二）劳动争议的特点

在我国司法领域，劳动争议被归属为一般的民事纠纷，但是劳动争议具有与普通民事纠纷不同的特点。首先，劳动争议的双方当事人仅限于劳资双方，即用人单位与劳动者，双方基于劳动合同存在劳动关系，用人单位提供薪金，劳动者提供劳动。其次，劳资双方纠纷的内容多是

[1] 本文采用皆为 2007 年 12 月 29 日第十届全国人民代表大会常务委员会第三十一次会议通过的《中华人民共和国劳动争议调解仲裁法》。

基于金钱的给付而发生的，例如劳动报酬的争议、劳动保护的争议、福利保险的争议以及因劳动合同的确立、变更、解除而产生的补偿金或赔偿金等。再次，在一对劳动关系当中，不同于普通民事纠纷双方的平等地位，劳动者往往处于弱势地位。同时劳动者在劳动争议当中的请求往往关乎着自身的生活、生存甚至是生命、健康，对于金钱的需求通常是比较迫切的。所以这就要求处理劳动争议的时间，在保证质量的基础上做到越短越好。根据以上特点，我国的劳动争议处理机制，事实上还并不能够较好地解决劳动纠纷。如何尽量维持劳资双方关系的平衡稳定，以及更好地保障弱者的权益，是我国现行劳动争议处理机制的完善方向。

二、我国劳动争议处理机制的现状及存在的问题

（一）我国劳动争议处理机制的现状

《调解仲裁法》第 4 条、第 5 条规定："发生劳动争议，劳动者可以与用人单位协商，也可以请工会或第三方共同与用人单位协商，达成和解协议。发生劳动争议，当事人不愿协商、协商不成或者达成和解协议后不履行，可以向调解组织申请调解；不愿调解、调解不成或者达成调解协议后不履行的，可以向劳动争议仲裁委员会申请仲裁；对仲裁裁决不服的，除本法另有规定的外，可以向人民法院提起诉讼。"所以，我国对于劳动争议的处理主要是通过和解、调解、仲裁和诉讼几种方式进行解决的，被广泛认可的说法是我国的劳动争议处理机制可以概括为"一商，一调，一裁，两审"。

1. 劳动争议的和解

在劳动争议发生后，最好的解决方式就是协商和解，这样既能够更加快速地解决矛盾，同时还节省了双方在物质、时间以及精神上的消耗。双方能够达成和解协议的，则按照和解协议履行，不能达成和解协议或者不履行的，则进入下一环节。

2. 劳动争议调解制度

在劳动争议发生后，劳动关系双方当事人首先采取的做法就是进行和解，争取能够达成和解协议，但是和解这种方式的自发性很强，许多

人不愿意进行和解，更多的是和解不成，接下来就会寻求其他的解决途径，根据《调解仲裁法》的规定当事人可以选择是否向调解组织申请调解，发生劳动争议，当事人可以到下列调解组织申请调解：①企业劳动争议调解委员会；②依法设立的基层人民调解组织；③在乡镇、街道设立的具有劳动争议调解职能的组织。无论选择哪种调解组织，当调解不成或不履行调解协议时，都要进入劳动仲裁这一处理劳动争议的必经程序。

3. 劳动争议仲裁制度

我国采取劳动仲裁前置制度，也就是说，在进入诉讼程序之前必须经过仲裁程序。在仲裁程序中，案件被分为一裁终局的案件和非一裁终局的案件，非一裁终局的案件的当事人对仲裁裁决不服的可以向人民法院提起诉讼，而一裁终局的案件在仲裁程序即宣告结束。《调解仲裁法》第 47 条规定："下列劳动争议，除本法另有规定的外，仲裁裁决为终局裁决，裁决书自作出之日起发生法律效力：（一）追索劳动报酬、工伤医疗费、经济补偿或者赔偿金，不超过当地月最低工资标准十二个月金额的争议；（二）因执行国家的劳动标准在工作时间、休息休假、社会保险等方面发生的争议。"第 48 条规定："劳动者对本法第四十七条规定的仲裁裁决不服的，可以自收到仲裁裁决书之日起十五日内向人民法院提起诉讼。"

第 49 条规定："用人单位有证据证明本法第四十七条规定的仲裁裁决有下列情形之一，可以自收到仲裁裁决书之日起三十日内向劳动争议仲裁委员会所在地的中级人民法院申请撤销裁决：（一）适用法律、法规确有错误的；（二）劳动争议仲裁委员会无管辖权的；（三）违反法定程序的；（四）裁决所根据的证据是伪造的；（五）对方当事人隐瞒了足以影响公正裁决的证据的；（六）仲裁员在仲裁该案时有索贿受贿、徇私舞弊、枉法裁决行为的。人民法院经组成合议庭审查核实裁决有前款规定情形之一的，应当裁定撤销。仲裁裁决被人民法院裁定撤销的，当事人可以自收到裁定书之日起十五日内就该劳动争议事项向人民法院提起诉讼。"法律中的这三条规定体现了立法者旨在加快解决劳动争议，但同时为了保证当事人的司法救济请求权，又不得不设置救济程序，如此一来，一裁终局则只能是设想上将案件终局，实际上在无形当中依然延长了争议解决的时间。

4. 劳动争议诉讼制度

在经过了协商、调解和仲裁程序后，只要任意一方对仲裁裁决结果有符合法律条件的不满，案件都可以被提起到诉讼程序。我国的劳动争议诉讼案件按照普通民事诉讼案件的程序进行。诉讼程序是作为仲裁程序的救济程序而存在的，其作用旨在保障公民的司法救济请求权。但也正是因为这样，劳动争议的处理时间也变得更加漫长。

（二）我国劳动争议处理机制存在的问题

1. 调解人员不具备专业的资格，调解程序的设置起不到应有的作用

在劳动争议发生后，最好的解决方式就是和解，但在实际操作中劳动关系双方很难达成和解，不仅是劳动争议，其他的纠纷亦是如此，因为缺乏中间人的调和，双方坚持自己的立场便使得和解这一步骤基本上起不到作用。所以调解程序的存在弥补了这一不足，在双方自愿的前提下，由中间方领头进行调解，双方可以充分地表达自己的想法，并且不必大伤和气，这也为劳动者与用人单位双方避免了不必要的冲突。国外的许多国家都对调解制度寄予厚望，并且力争使调解在劳动争议处理的过程中发挥极大的作用。我国虽然没有将调解程序作为必经程序进行设置，但也设立了相应的调解组织。根据本文上述内容可知我国劳动争议案件的调解组织包括企业劳动争议调解委员会，依法设立的基层人民调解组织，在乡镇、街道设立的具有劳动争议调解职能的组织。我国法律对于这些调解组织内调解员的专业资格并未作强制要求，而劳动案件的处理最多地会涉及金钱的计算，这些计算方式以及计算的依据都需要根据法律法规的规定做出准确的计算，调解员若不具备专业的知识则很难做到依法公平调解，这样会使得劳资双方的关系更加地趋于不平衡。但是，根据我国国情，调解还并未上升到同诉讼一样的地位，成为被普遍认可的解决纠纷方式，所以调解组织的设置往往就是应程序之要求，而做不到真正的解决问题。因此，如果将具备这样专业资格和知识技能的

专业人员设置在调解组织当中可能会造成资源的浪费，不如将这些专业人员直接设置在仲裁机构或法院当中，使得他们的价值最大化。基于我国的现实国情，调解制度在劳动争议案件的处理过程中起不到原本所构想的作用，而仍然设置调解组织若只是为了营造表面上的“多途径解决纠纷”；那么这将是对资源的严重浪费。

2. “仲裁前置”程序导致的一系列问题

（1）争议处理时间冗长，不利于保护劳动者。

《调解仲裁法》规定劳动争议仲裁委员会收到仲裁申请之日起五日内，应当做出是否受理的决定并通知申请人。仲裁庭裁决劳动争议案件，应当自受理申请之日起四十五日内结束，案情复杂需要延期的，经劳动争议仲裁委员会主任批准，可以延期并书面通知当事人，延期不得超过十五日。所以从申请到结束，一个劳动争议案件仲裁期限最长有可能达到六十五天。对于仲裁裁决不服的申请人还可以向法院提起诉讼，按照一般民事案件的审理期限计算，一审普通程序的审理期限是六个月，经院长批准可延长六个月，经上级法院批准可再延长三个月，二审程序对裁定的上诉审理期限是三十日，对判决的是三个月，院长批准可以再延长。[1] 所以，一个劳动争议案件如果进入到了诉讼程序，那么最长的处理时间可能达到十八个月甚至更长，再加上仲裁程序花掉的时间，可能需要大约一年半还要多的时间。而发生劳动争议，劳动者多是要求支付劳动报酬、赔偿金、补偿金等，有的更有可能是因工伤而卧病在床的急需用钱的劳动者，所以，争议处理时间的冗长对当事人来讲也是一种负担。

（2）仲裁前置程序，违背意思自治。

我国法律规定了公民的诉讼权利，并且原则上为意思自治，但是当发生劳动争议时，基于“仲裁前置”的规定，劳动者只能先向劳动争议仲裁委员会申请仲裁，在对仲裁裁决不服的情况下才能够向人民法院提起诉讼，劳动者在此情况下，失去了对自己权利的处分自由。并且，根

---

[1] 参见《中华人民共和国民事诉讼法》。

据《调解仲裁法》的规定，劳动争议仲裁不收取费用，这对劳动者来说确实是一项益处，但是也正因为如此，在仲裁委员会做出裁决后，部分劳动者可能即使对仲裁裁决并不满意，但因负担不起诉讼的费用，而最终放弃了对自己权益的进一步维护。这在无形中严重影响了劳动者的真实意思表示。

(3) 仲裁程序的实际终局性弱，造成争议处理的拖沓。

我国立法者为了缩短劳动争议解决的时间而创设了一裁终局制度，同时又想保障当事人的司法救济请求权，所以为适用一裁终局的案件也设定了救济程序。如本文对我国劳动争议仲裁制度的介绍，非一裁终局案件的当事人对仲裁裁决不服的可以直接向人民法院提起诉讼。一裁终局案件的劳动者同样可以因不满仲裁裁决而向人民法院起诉，用人单位可以因裁决中发生错误而向人民法院请求撤销仲裁裁决。法律规定上的矛盾体现了法律背后法理上的相互矛盾。《调解仲裁法》第 47 条规定的两种适用一裁终局的案件，属于《劳动法》或《劳动合同法》中具有强制规定标准的案件，从法理上讲因为具有统一的标准所以判断起来更加快捷，从而设置了一裁终局制度。但也正是因为《劳动法》与《劳动合同法》的强制规定，当事人不能够将自己的这些权利交给非司法机构的第三方来决断，所以又要保障其请求司法救助的权利，如此便产生了矛盾。在实践中的表现就是造成了争议处理的拖沓。

3. 劳动争议案件与普通民事案件的审理不做区分，导致争议解决的时间拉长

根据本文上述对劳动争议特点的介绍可以发现，劳动争议案件因为普遍涉及金钱的给付，同时又与劳动者个人的生活、健康，甚至生命具有紧密的联系，所以这就要求处理该类案件的时间越短越好。然而在当事人对仲裁裁决不满的前提下，案件进入诉讼程序后与法院受理的其他普通民事案件一起统一大排队，没有设置专门的法庭进行审理，这会造成时间上的拖沓，不利于保障劳动者的利益，同时也并未减轻用人单位的负担。对于劳动争议案件设立专门法庭进行审理的问题，北京的各级法院已经对此进行了专门设置，但是这种方式还并未上升到制度上的改

革，也还未在全国范围内实施。

三、国外劳动争议处理机制的实践

（一）以德国为代表的专门司法机构模式

在德国，是由专门法庭以及专门的司法机构对劳动争议案件进行审理，其中分为地方劳动法院、州劳动法院以及联邦劳动法院。地方劳动法院和州劳动法院分别为一审和二审法院，审判庭人员配备相同，主要审理事实；联邦劳动法院是三审也是最高级的劳动法院，审判庭人员配备比一二审多增加两名法官。

（二）以美国为代表的调解、仲裁主导模式

在美国处理权利争议主要是通过诉讼途径解决，处理利益争议主要是通过调解和仲裁来解决。在劳动争议发生之后，在劳资双方意见统一的基础上，联邦调解委员会可以指定调解员进行调解，也可以由双方申请调解。在进入仲裁程序前必须经过调解程序。在调节不成的情况下，任何一方都可以向仲裁机构申请仲裁。雇主、工会和律师们会对仲裁员进行评价，评价结果会通过专门的刊物公布出来。在仲裁程序后，当事人对裁决不服的，可以请求联邦法院进行判决。

（三）以日本为代表的民事诉讼和行政程序主导模式

在日本劳动争议双方就争议可以选择诉讼途径解决，也可以选诉讼外的途径解决。比如在企业内部通过协商解决，对通过协商解决的，给予奖励。同时，法院、劳动局和劳动委员会也都有调解机制。除了调解，法院还设有专门法庭，专门进行劳动争议案件的审理。

四、对完善我国劳动争议处理机制的建议

（一）取消对劳动争议调解组织的设置

我国的人民调解制度被称为“东方之花”，自古以来我国一直都有用调解的方法解决纠纷的良好传统，可见，调解制度是一项益处良多的制度，但是在劳动争议案件中，调解所发挥的作用显然不够，造成这一结

果的原因在于，人们对于调解的好处了解不够，认为调解只是走个过场，所以不会投入过多的关注。由于我国对调解组织的设置并不专业化，也不强行要求当事人进行调解，如此一来调解组织便形同虚设，所以这样的调解制度虽然有着美好的目标但不符合现实的情况。针对这一问题，可以借鉴日本的双方协商和解制度，在发生劳动争议后双方首先进行协商，在企业内部协商成功的给予奖励。因为我国在仲裁开庭以及诉讼开庭前都会对双方当事人进行调解，并且即使设置了调解组织，当事人选择调解的概率也少之又少，所以不专业化的调解组织可以直接被取缔。对于协商不成的，不再进入调解程序，而是直接进入第三方裁判程序。如此一来既解决了调解人员不专业的问题，同时也加快了劳动争议处理的效率。虽然许多国家都对调解制度给予很大的重视，但从我国现在的实际情况来看，在劳动争议案件的处理中，调解制度还无法起到更大的作用，所以在兼顾质量与效率的基础上，考虑到国家资源的节省，将调解组织取缔，更加有利于完善我国现行的劳动争议处理机制。

（二）废除“仲裁前置”程序，由当事人自主选择争议处理方式

仲裁程序拥有不需要花费，处理速度快，为法院分担工作量等优点，所以仲裁程序在劳动争议处理机制中的地位不可小觑，对仲裁程序做一些调整有利于其发挥更大的作用。根据我国现状，“一裁终局”制度在现实中并不能够真正地使案件在仲裁程序彻底终结，还需要诉讼作为最后的救济程序，这样一来，不但可能影响当事人直接请求司法救助的权利，而且可能在无形当中延长争议处理的时间。如此，仲裁前置程序在某种程度上成为了案件处理的阻碍。但是，同许多国家一样，我国仲裁程序的设置在一定程度上仍然发挥了很大的作用，还是有相当数量的案件在仲裁程序得到了最终的解决，所以仲裁程序的设置是不可废的。笔者认为应当废除对于仲裁前置的规定，让当事人进行自主选择，在协商不成的前提下，选择进入仲裁程序或是诉讼程序。仲裁程序中现有的适用一裁终局的案件仍然实行一裁终局制度，仍然有诉讼程序作为救济程序存在。区别在于，选择仲裁程序后，无论是一裁终局的案件还是非一裁终局的案件，若当事人对裁决不服进入诉讼程序，时间的消耗较长。若当

事人直接选择进入诉讼程序，则可以减少在仲裁程序上的时间消耗，但是同时也错过了通过一次裁决就将问题解决的机会。这样对于时间消耗不同的两种途径如何选择的权利，不再由法律强制规定，而是由当事人自主进行选择。如此有利于在保障当事人诉讼权利的基础上，让当事人根据自己的意愿选择想要的争议解决方式，而且，用人单位也不会再处于完全被动的状态。同时，还可以减少整个案件的处理时间，解决了争议处理时间冗长的问题。

（三）设立劳动争议专门法庭专职审理劳动争议案件

在我国法院中，对于有些不同案件的审理有着明确的分配，例如将法庭分为民事一庭、民事二庭等，分别专门审理知识产权案件以及其他类别的民事案件，这样做能够使案件得到整合，有利于法院内部的秩序稳定。对于劳动争议案件，北京的各级法院都有专门机构、法庭进行“专业化”处理。如朝阳法院设立了专门审理劳动争议案件的审判庭——“民五庭”。虽然名义上还没有称之为“劳动争议审判庭”，但是本质上已经独立于其他民事案件，在组织机构、人员配备上进行了专门设置。这是具有实质意义的专业化审理劳动争议的进程。但是我国在制度上还未对此进行规定设置。德国的劳动争议处理机制以专门法庭和专门司法机构为最大特点，根据我国的现实国情，既然将劳动争议案件归属为一般民事案件，那么则没有必要设立单独的司法机构进行审理，我们可以借鉴德国专门法庭的设置，并结合我国的实践情况，随着劳动争议案件数量的变化来设置劳动争议审判庭在同一法院内的配比，并将此方式在制度上做出改革，在全国范围实施。真正充实并强化劳动争议审判的专业力量。

结　论

总之，劳动争议的处理机制关系着劳动者与用人单位的关系能否平衡，同时也关系着整个社会和市场能否稳步向前，所以完善我国的劳动争议处理机制是一件势在必行的事情。但是任何事情都不是一蹴而就的，在社会不断发展的过程中，各种各样的矛盾会层出不穷，并且都具有时下最鲜明的特点，抓住特点，联系我国的实情，一步一步地进行完善，最终才能够真正建立一套完全符合我国国情，适应社会发展的劳动争议处理机制。

参考文献

[1]《中华人民共和国劳动争议调解仲裁法》，2007 年 12 月 29 日第十届全国人民代表大会常务委员会第三十一次会议通过。

[2] 郭陆聪．我国劳动争议处理机制的反思与重塑 [D]．重庆：西南政法大学硕士学位论文，2012.

[3] 毛勤．论我国现行劳动争议处理机制的缺陷与完善 [J]．魅力中国，2014 (23).

[4]《中华人民共和国民事诉讼法》，2012 年 8 月 31 日第十一届全国人民代表大会常务委员会第二十八次会议修订。

[5]《中华人民共和国仲裁法》，2009 年 8 月 27 日第十一届全国人民代表大会常务委员会第十次会议修订。

[6] 浦纯钰，朱竟艳．完善劳动争议处理机制 [J]．经济研究导刊，2010 (35).

[7] 罗水心．试析我国的劳动争议处理机制 [J]．中国新技术新产品，2010 (10).

[8] 杨芳霞．论集体劳动争议处理的法律机制 [J]．法制与社会，2009 (9).

[9] 罗曼．论我国劳动争议处理机制之完善 [J]．中国管理信息化，2013，16 (4).

[10] 叶晓琼，朱俊，范树伦，伏勇．完善劳动争议处理机制，有效化解劳动纠纷 [J]．中共乐山市委党校学报，2011 (9).

[11] 魏建，李俊枫．“基于博弈视角的劳动争议处理机制完善路径分析——以《劳动争议调解仲裁法》为例” [J]．理论学刊，2009 (11).

[12] 张锐．我国劳动争议处理机制的完善研究 [J]．法制与经济，2009 (2).

[13] Whitecap Leisure Ltd. v. John H. Runld Ltd [J]. EWCA (Civ)，2008：1026.

[14] Egan. v. Motor Servs：(Bath) Ltd [J]. EWCA (Civ)，2007：1002.

[15] IDA Ltd. v. Univ. of Southampton [J]. EWCA (Civ)，2006：145.

论我国非法证据排除规则的举证责任

学　　生　周　倩
指导教师　宋桂兰

摘　要：非法证据排除规则旨在限制证据能力，与其他证据规则相比，有着自身特殊的诉讼功能，为更好地保障人权，我国逐渐在立法上对非法证据的排除范围、举证责任、证明标准等问题作出了规定，2013年新修订的《中华人民共和国刑事诉讼法》首次明确地以立法的方式确立了非法证据排除规则的内容。对该规则的立法确立，符合我国刑事司法的实际要求，也顺应了人权保障的国际化趋势，这是我国司法改革和法治发展的必然产物，同时标志着我国刑事司法迈向成熟阶段。其中有关举证责任方面的完善尤为重要，因为“举证责任乃诉讼之脊梁”，举证责任如何分配直接影响诉讼结果，影响着非法证据排除规则的适用。本文根据此问题，本着寻求解决问题的研究思路，从我国的立法和司法实践中入手，继而分析其中的问题，针对性地提出对策，在立足本土资源，考虑实施障碍的基础上，借鉴外国经验，提出可行的路径。

关键词：非法证据　举证责任

前　言

我国非法证据排除规则中的举证责任制度存在着一些问题，这在很大程度上影响着非法证据排除规则制度的实施，虽然司法解释已经对非法证据排除规则作出了规定，但在司法实践中，以非法方式收集证据的现象仍然大量存在，其中一个重要的原因就是缺乏一个明确的非法证据举证责任的分配标准。“确定非法证据的举证责任，既是一个技术问题，也是一个政策问题”，非法证据举证责任的分配不仅要符合一般的证明责任分配理论，更要考虑其特殊性，充分考虑非法证据排除规则的适用对象、适用价值，同时还要考虑实践中双方当事人举证能力的差异以及诉讼的便利、程序的正义等诸多因素，使其符合特定的证明责任分配原理。本文将就我国关于该问题的法律规定，以及立法和司法实践中存在的问题进行详细的叙述，并就问题的解决提出自己的观点。[1]

一、非法证据排除规则的举证责任概述

（一）非法证据排除规则概述

非法证据排除规则，是指在刑事诉讼中，司法机关对侦查机关及其工作人员非法取得的供述或非法搜查扣押取得的证据不予采纳，且不能将其作为定案的根据，除非法律另有规定。它一般包括三类：第一类是非法言词证据，主要是指通过肉刑或其他可以致使被告人肉体或精神上受到折磨，使犯罪嫌疑人做出的供述，以及利用不法手段，让被害人和证人作出的虚假证词；第二类是非法实物证据，是指侦查机关自己采取侵害他人权益的方式，由此来得到的物证、书证一类的证据；第三类是毒树之果，即虽然最后获得证据的方式不违法，但是他们得到这个证据的前提是不符合法定程序的。在刚修订的刑诉法中，对于第一种方式获得的证据，是不能作为审理案件的依据的，而对于第二种，只要相应的侦查机关可以作出合理的解释和说明，就可以将其作为断案依据。关于第三类，因为我国尚没有完备的关于毒树之果的理论，所以在刑事诉讼法中对其也并没有一个明确的规定。

刑事诉讼法是为了维护治安，使社会安定和谐，保护人民的权利。此外，它还有一些自身的特殊价值：①保障被告人合法权益。在诉讼过程中，被告人属于弱势的一方，如果因为某些非法证据，导致冤案错案的发生，将会严重损害被告人的合法权益。因此设立非法证据排除规则，可以有效地保障其合法权益，同时也符合宪法中保障人权的精神。②防

[1] 王丽．非法证据证明责任问题研究［D］．长春：吉林大学硕士学位论文，2015.

止公权力的滥用。侦查机关使用非法方式获得的证据一旦被认定是非法的，侦查机关最终将不能使案件完结，还会受到相应的处分，这便使得侦查机关能够自觉地使用合法手段，从而防止公权力被滥用。③确保司法公正。司法过程中，如果证据是非法取得的，法院应该不予采纳。因此采用非法证据排除规则是保证司法公正，追求法治社会的一个重要手段。

（二）举证责任概述

举证责任是指当事人为了追求自己的诉讼目的，收集并提供与案件事实相关的证据材料，使之推断出来的案件事实更有利于自己的主张，反之，当事人将会承担败诉的风险。它的主要特征如下。

第一，任何法律都规定了一定的法律义务，当事人承担举证责任，为自己的诉讼请求提供依据，是法律义务之一。

第二，举证责任存在着一些风险，即在负有举证责任的一方当事人没有承担起该责任，或者事实不清楚的时候，要承担主张不被接受的风险。比如，在原告提不出充足的证据的情况下，向法院提起诉讼，法院就可能会不受理或者驳回该请求。

（1）分配的一般规则。

我国采纳的是罗森伯格创立的法律要件分类学说。我国《民事诉讼法》第 64 条表明：举证人对自己举出的事实有证明的责任，或者可以对对方当事人提出的事实进行反驳。这就明确了举证责任分配的一般原则。据此法官对举证的对象、举证的主体、证明责任的转换进行判断，来保障诉讼当事人的权利。

（2）分配的特殊规则。

公平正义、诚实信用是现代民法的价值取向，在成文法国家中，有一个普遍现象，那就是制定了的法律与社会生活发展的不同时性，法律的滞后性总是不同程度的存在的，又或者法律还没有相关规定。这时，依据诚信和公平正义原则，法官就可以通过自由裁量权来进行分配。同时，由于分配过程和分配结果对当事人有着重大影响，法官要注意其中的公平性。

但在司法实践中，这一特殊规则的运用也存在一些问题，那就是当事人妨碍举证的一个现象比较突出，即不负有举证责任的当事人一方将唯一的证据毁损，而致使有举证责任的一方没有办法来证明自己的主张，从而让事实变得不清楚。这是有悖于公平诚信原则的一种做法，法律对此也作出了否定性评价，对此行为进行相当的处罚，一般表现为使其承担不利的风险。同时，应当明确两种妨碍举证的行为：损毁、伪造证据，阻止或指使他人作伪证和在故意或严重过失的情况下，致使诉讼中的唯一证据灭失。鉴于此，一个配套的证据制度急需建立。

综上，举证责任分配一般是遵循“谁主张，谁举证”这一原则。同时，诚信原则和公平原则是举证责任分配的特殊原则，可以很好地弥补一般分配规则的不足，有较强的灵活性与实用性。两者相互配合，能够澄清事实，保护当事人权益，使司法更加公正。

（三）非法证据排除规则中的举证责任

1. 刑事诉讼与民事诉讼举证责任分配

举证责任的分配在刑事诉讼和民事诉讼中存在差异，是因为它们的双方当事人不同，所处的诉讼地位、双方的关系、力量对比方面也不相同。

在我国民事诉讼中，举证责任的基本原则是“谁主张，谁举证”，即当事人有责任提出证据来证明自己的主张，这是由民法的性质、调整的对象所决定的。也就是说这些主体之间的法律地位平等，他们所提出的请求，需要自己收集并提供证明，这是意思自治的一个表现，同时也体现了公正这一法律价值观。对于特殊的民事侵权案件，也是依据公平正义原则，保护弱势一方，从而实行举证责任倒置，来调整举证责任。

我国《刑事诉讼法》第 49 条规定，公诉案件中被告人的举证责任由人民检察院承担，自诉案件中被告人的举证责任由自诉人承担。举证责任事关刑事诉讼各方证据责任的分配及诉讼利益，对此应予充分重视并正确把握。任何人在没有经过依法判决认定有罪之前，视为无罪。在公诉案件中，由检察机关一方启动诉讼程序，按照法律规定的程序，来落实追究被告人的刑事责任。从中可以发现，公检机关属于国家的政权机关，是强势的一方，有人力财力物力的保障，相比之下，被告一方作为被追诉的一方，处于弱势地位。因此，保障被告人的合法权益是有必要的，法律也规定了对被告定罪量刑的标准。

对比民事诉讼，不难发现，在举证责任的标准方面，刑事诉讼是严于民事诉讼的。它们之间的不同规定，充分体现了现代法律的精神，都是实现法律的要求。对诉讼制度中举证责任的研究，有助于人民法院在司法案件审理中正确地处理“控、辩、审”三者之间的关系，可以摆正法官居中裁决的地位，充分发挥审判职能的作用，确保刑事诉讼和民事诉讼的公正与高效。❶

2. 非法证据排除规则中举证责任的特殊性

第一，非法证据排除要证明证据是否可以采纳，是程序法上的事实。

一般认为，在非法证据排除的证明中，实体法上的事实和程序法上的事实是两个需要证明的事实。实体法上的事实是指解决刑事案件的实体问题，即对定罪量刑有法律上的意义的事实。比如：有关犯罪构成要件的事实，影响量刑轻重的情节，违法性和可罚性排除的事实。程序法上的事实是指在解决诉讼程序问题时，有法律意义的事实。比如：关于回避的事实、诉讼期限的事实，违反法定程序的事实。在非法证据排除程序中，其证明对象是侦查机关取得证据的方式是否合法，而不是证明被告人的犯罪事实。这是对证据可采性的证明，所以，属于程序法上的事实。

第二，程序法事实的证明责任分配与实体法事实不同。

一般来说，在一个案件中，对程序法事实处理得正确与否，对实质性结果的影响相对实体法事实的影响较小，但是非法证据排除这一程序对案件事实的影响较大，因为是否采纳这个非法证据对案件的实质性裁判结果的影响是直接的。所以，在非法证据排除中举证责任的分配，不能简单地采用“谁主张，谁举证”这个分配原理来由被告方承担。

二、我国非法证据排除的举证责任立法及实践分析

（一）我国非法证据排除举证责任的立法现状

我国《刑事诉讼法》在吸收借鉴的基础上，立足于国情，形成了有

❶ 郑旭．三大诉讼举证责任比较［J］．行政法学研究，1997（3）．

中国特色的举证责任分配制度。不同于大陆法系，由法官来承担举证责任，也有异于英美法系的根据不同种类的证据来分配。我国《刑事诉讼法》第 57 条的规定表明：法庭调查时，人民检察院应对收集来的证据进行合法性的证明。如果支撑证据的材料不能证明收集的证据具有合法性，人民检察院可以请求人民法院通知相关侦查人员和其他人员出庭说明当时的情况，人民法院根据实际情况决定是否通知。❶

在我国，由控方来证明所取得的证据是合法的这一责任比其他国家更为必要。随着法制进程的发展，在多数西方国家，辩护律师和被告人已经可以参与一部分侦查取证活动，比如在讯问犯罪嫌疑人，勘验犯罪现场的时候。此外，许多西方国家的被追诉者有广泛的调查权。这就使得辩方能监督部分侦查活动的实施，减少非法取证的可能性，并且，在举证时也有资料可以提出，通过赋予辩护律师较多的权力，能够减少与控方的差距，有效地保障被告人的合法权益。

另外，控方有很多方式可以证明取证是合法的。比如：在讯问被告时所作的笔录、录音录像、同住一监室的人所做的证言等。另外，《刑事诉讼法》第 56 条表明：如果认为收集的证据是采取了非法的方法，要向法院提供相关资料与线索。❷《最高人民法院关于适用〈中华人民共和国刑事诉讼法〉的解释》第 96 条又作了细化规定，明确了申请的主体，规定了提供的具体资料。❸ 因此，我国对非法证据排除的举证责任规定是

---

❶ 《刑事诉讼法》第 57 条：在对证据收集的合法性进行法庭调查的过程中，人民检察院应当对证据收集的合法性加以证明。证据材料不能证明证据收集的合法性的，人民检察院可以提请人民法院通知有关侦查人员或者其他人员出庭说明情况；人民法院可以通知有关侦查人员或者其他人员出庭说明情况。有关侦查人员或者其他人员也可以要求出庭说明情况。经人民法院通知，有关人员应当出庭。

❷ 《刑事诉讼法》第 56 条：法庭审理过程中，审判人员认为可能存在本法第五十四条规定的以非法方法收集证据情形的，应当对证据收集的合法性进行法庭调查。当事人及其辩护人、诉讼代理人有权申请人民法院对以非法方法收集的证据依法予以排除。申请排除以非法方法收集的证据的，应当提供相关线索或者材料。

❸ 《最高人民法院关于适用〈中华人民共和国刑事诉讼法〉的解释》第 96 条：当事人及其辩护人、诉讼代理人申请人民法院排除以非法方法收集的证据的，应当提供涉嫌非法取证的人员、时间、地点、方式、内容等相关线索或者材料。

一种不完全证明责任倒置的表现，由辩方来提出线索，提供证据是被非法取得的相关材料或是证据。

笔者认为，让辩方提出初步的线索是合理的，因为被告人向法院提出了排除非法证据这一请求，但不提供相关的线索，会使具体审查的开展出现问题，另外，如果法院启动程序并进行调查，控方在证明取证的合法性时，会不知该证明哪个取证环节，也使得程序无法进行下去。从另一个角度看，让辩方来承担初步的证明责任，也可以防止诉讼权利被滥用的可能。但在我国，辩方的举证能力和调查能力相比于控方较弱，因此应赋予法官自由裁量的余地，即辩方的证明只要达到“引起法官对收集的证据合法与否产生怀疑”的程度。这对双方差距起了一定的弥补作用。之后的责任转向控方，控方不仅要证明证据是合法的，还要达到事实清楚，证据确实、充分这一要求。

（二）我国非法证据排除举证责任的实践情况

就目前我国在非法证据规则的司法实践来看，对于证据合法与否的问题，控方与辩方都存在一些困难。原因如下。

第一，检察机关负责的是法律规定的由检察机关自侦的案件，而多数案件，主要侦查机关是公安机关，所以检察机关没有直接参与侦查活动，这也就导致它在举证上存在困难。另外，案卷材料是侦查机关来制作并且提供的，材料里也不会记录非法取证的情况，所以这些案卷材料的证明效果是不明显的。在《刑事诉讼法》里有规定侦查人员出庭作证的制度，但在实际操作起来的时候，侦查人员即使出庭作证了，也不会承认自己取得的证据是用非法方式取得的，这就造成了控辩双方各执一词，法官难以判断的情况。❶

第二，我国的侦查工作具有保密性，侦查人员以外的人员不得在场。所以，在侦查过程中，除案件的犯罪嫌疑人或者被告人和侦查此案件的人员知晓情况以外，其他人不得而知。此次的《刑事诉讼法》第 112 条

---

❶ 罗颐．非法证据排除的举证责任和证明标准研究［D］．苏州：苏州大学硕士学位论文，2015.

作出规定，为保障被告人的合法权利，对三种可能判处的刑罚进行强制性的全程录音或录像，三种刑罚指的是：无期徒刑、死刑、其他重大犯罪案件，这个规定也表明了我国对判处刑罚的重视。但是其他没有录音录像的案件，对取证合法性的证明还是存在困难与不足。

第三，辩方举证能力的有限性。既然要承担举证责任，那就不可避免地要考虑到举证能力的问题。我国缺乏辩护律师参与、全程录音录像等措施的保障，在侦查过程中，犯罪嫌疑人或被告人的人身处于不自由的状态，他只能配合侦查机关的工作，即使在此过程中，侦查机关采取了非法方式来取证，被告方也无法将此行为记录保存下来，也就使他在举证时无法提出证据，而只能描述当时的情况，显然这样的证明是无力的。另外，其与外界隔离这一客观现实导致他只能委托律师代为收集证据，但律师既不能介入侦查活动，也不能进行及时有效的调查取证，这也导致了辩方举证能力的有限性。如果法院采取了非法证据，可能会导致冤假错案的发生。

三、我国非法证据排除举证责任存在的问题

（一）控诉方的侦查令状缺乏中立司法程序的合法性审查

在我国，没有建立中立的司法机构来对侦查机关签发的搜查、扣押令状进行一个合理性的审查，而是控诉方自己签发。这种形式签发的令状，不能保证控方取证行为的合法性。依据我国刑事诉讼法的规定，侦查指的是公检机关办理案件，依据法律进行专门的调查工作和有关的强制性措施，专门的调查工作比如：讯问犯罪嫌疑人、搜查、扣押等。我国刑诉侦查程序中的所有专门调查工作是由侦查机关自行决定并且执行的。另外，强制措施是侦查机关在侦查过程中，对犯罪嫌疑人的限制或剥夺人身自由，比如在侦查过程中的拘传、逮捕、监视居住等。除了逮捕必须请求人民法院审查批准以外，公安机关是有权力决定对犯罪嫌疑人采取强制措施的，从这个方面来看，检察院对公安机关的逮捕申请进行批准是一种司法审查。但由于在刑事诉讼中，检察院是控方，尽管检察机关应当作为一个监督者，对犯罪嫌疑人的利害证据应当公平顾及，

但是其所担当的职能会使其偏向于搜集犯罪嫌疑人有罪的证据，这是互相冲突的两个角色，难以协调，所以检察院很难保持中立的态度，对公安机关逮捕权的制约是存在瑕疵的。检察院办理的是自侦案件，所有的专门调查工作和强制性措施是由检察机关自己决定并实施的。所以，目前在我国，法院对庭审中侦查机关的侦查活动、起诉活动是无权干涉的，这就导致法院在审判时，对审前的追诉活动不能进行控制，而在审判程序中，我国对非法证据排除规则的相关规定也不完善。所以，当被告方提出相关的合法性质疑时，由控方来承担证明其行为合法性的责任比较合理。

（二）非法证据排除的举证方式不合理

我国非法证据排除的举证情况是：犯罪嫌疑人、被告人向法院提出非法证据排除的请求时，先由被告一方说明理由，后公诉方对此进行举证，法院经过法庭调查，对这个证据是否可以予以采纳作出确认。

我国在具体实践中，公诉方为证明自己没有使用非法手段，会让侦查机关出一份书面说明，这样就会转移举证责任，这时被告人要举证侦查机关实施了非法方法收集证据，如果举证不能，法院将采纳这个证据，但这显然是不合理的。这就类似于，司法机关不能因为被告人的亲属出具一份证明，说明他没有罪，就认定被告人无罪一样。同时，被告方是弱势方，这样轻松的就让举证责任转移，也就是要让被告人证明自己无罪，不符合刑事诉讼法中的“无罪推定原则”。此外，在刑事诉讼法中的规定也不明确，即公诉方要怎样证明自己没有使用非法手段，法院应当如何去认定，什么样的证据是可以认定使用了非法手段的。这些都导致非法证据排除的程序过于虚化，这也使得这类规则在司法实践中运用起来有难度。

（三）相关的侦查程序不够完善

我国侦查程序有着鲜明的特征，但是也存在一些缺陷如下。

1. 证据采集过程不完善

在侦查过程中，经常出现对证据没有及时记录和保存下来的情况，这会导致犯罪嫌疑人或者法官对证据的采集产生怀疑，控方在进行举证的时候，缺乏相对应的证据加以证明其取证方式是合法的，如果控方的取证是合法的，但没有证据来证明，就会导致合法取得的证据被依法予以排除，这会不利于对犯罪嫌疑人的刑事追究。

2. 缺乏有效的监督

我国的侦查活动是单向的、秘密的、封闭的。在侦查机关进行侦查活动时，大多是没有见证人在场的，包括律师也不能在场。这就使得侦查机关取证方式只有犯罪嫌疑人和侦查方知晓，尽管辩护律师能给与犯罪嫌疑人一定的帮助，但因为律师对侦查活动参与的有限性，辩护律师只能与在押的犯罪嫌疑人进行有限的会见或者申诉、控告等活动，进行不了有效的防御行为，没有调查权，在侦查人员讯问犯罪嫌疑人时也无法参与。

3. 人身检查制度的空缺

人身检查作为刑事侦查的一个重要手段，在诉讼中使用频率较高，但我国对此的立法规制较为缺乏。在进行人身检查中，可能会侵犯公民的人身自由权、隐私权、身体权等，因此需要制定一个合理的制度来规范它，以保障公民权利，规范侦查机关的行为

四、完善我国非法证据排除举证责任的对策

（一）设立中立机构审查侦查令状的合法性

在借鉴西方司法令状制度的基础上，根据我国实际情况加以适当改造，我国可以建立一个有别于西方国家的检察令状制度。即以检察机关为中心，并设立与之相配套的检察救济制度。这里的检察令状制度是指由检察机关对侦查机关特定的强制性侦查措施，进行事前的批准，并签发令状。否则，不得采取需要进行批准的强制性措施。当然，在紧急情况下，侦查机关可以先采取特定的侦查措施，但在事后必须立即向检察院补签令状，如果检察院审核不通过，必须立即解除特定侦查措施。

目前阶段性的具体思路是：人民检察院自侦案件的司法令状由法院决定，其他案件的令状签发由检察机关负责，以协调控、辩、审三者的关系。根据令状原则的要求，实现完全由中立司法机构行使签发令状的

权利是最终的目标，法院机构也要作出相应的改革。这样能更好地保障犯罪嫌疑人或者辩护人的人权，犯罪嫌疑人认为检察机关签发的令状有问题时，可以向上一级人民检察院申请复查，这样可以救济当事人，还可以对审查令状进行制约。在当前法制框架下，建立这种方式对侦查权进行监控是可行的，但在可以适用检察令状的强制侦查行为的范围上，应当更广一些，比如将拘留、监视居住、涉及犯罪嫌疑人或被告人人身权、财产权等权利纳入其中。❶

（二）制定相应的规定完善举证程序

控方对被告人或者法院提出的合理怀疑必须承担证明证据是合法取得的举证责任。值得注意的是，在被告人或者法院没有对此提出质疑时，控方不需要承担举证责任，而应当推定其合法。这是对侦控机关行使权力的一种信任，也有利于提高诉讼效率。❷

当然，当控方对证据的合法性证明达不到法定标准时，法院不仅应当认定该证据是以非法方式取得，还应该予以排除。这种举证不能造成的后果，必然由控方承担，同时，这也是一种促使控方履行侦查、控诉职能所应当承担的风险机制。

（三）完善相关侦查程序

在我国设立中立的司法机构对令状进行审查，既要吸收借鉴国外优秀制度，又要充分考虑我国实际情况，两者相结合，来完善我国制度，从而进行良性运作。

根据我国刑事诉讼的发展和现状，我国目前由法官签发令状的条件还不成熟。其一是没有实行预审法官和审判法官相分离的制度，西方国家是由预审法官负责签发司法令状，而我国只有审判法官，如果交由其行使签发司法令状，不符合批捕权与审判权相分离的发展潮流。其二是我国正在实行庭审改革制度，其主要目的之一就是防止先定后审这一现

❶ 刘康．刑事司法令状制度研究太原科技大学［J］．诉讼法学，2009.

❷ 罗颐．非法证据排除的举证责任和证明标准研究［D］．苏州：苏州大学硕士学位论文，2015.

象，减少合议庭在审前对案件事实的了解，保持法院的中立、公正。其三是犯罪嫌疑人的司法救济得不到保障，因为法院负责审判，又负责签发令状，导致其无法充当中立裁判者。

由检察机关签发强制侦查的令状，有着深厚的法理基础，是与我国国情相适应的。应该做到如下几点。

1. 强化对侦查过程的记录和保全

在侦查过程中，加大使用录音录像等现代科技，法律应当对此作出一些规定。在侦查活动中，尤其是收集关键性证据时，很有必要使用录音录像等方式记录和保全下来，以证明侦查行为的合法性。如英国就有相关规定，警察对犯罪嫌疑人进行讯问时，必须要同时制作两份录音带、两份录像带，来证明取证的合法性。

2. 扩大见证人的使用范围

在侦查机关进行调查取证的时候，如果不会给侦查活动造成较大不利影响的情况下，必须邀请见证人在场，以监督侦查活动的进行，在开庭审判时，还可以证明证据的采集是合法的。

3. 建立司法人身检查制度

侦查机关在每次讯问犯罪疑人、被害人或证人后，应依职权或应犯罪嫌疑人，被害人或证人的要求对其进行人身检查，以作为证明讯问或询问过程是否合法的依据。

结　论

在举证责任的分配上，无论控方还是辩方承担举证责任，都会加大证明方的诉讼风险，一个公平合理的举证责任分配制度能保证非法证据排除规则的功能最大限度地发挥。通过以上对控辩双方负担责任的可行性分析、双方取证能力的情况，以及考虑到控方在刑事诉讼中有证明被告人有罪的责任等因素的分析，在我国，非法证据排除程序中承担主要证明责任的应该是控诉方更为恰当，当然，被告人有提供初步证明的责任，要达到引起法官对证据采集方式的合法性产生怀疑的程度。

参考文献

[1] 罗颐．非法证据排除的举证责任和证明标准研究 [D]．苏州：苏州大学硕士学位论文，2015.

[2] 马群越，刘沙．论非法证据排除中的举证责任承担 [J]．河北大学政法学，卷宗 2014（11）：450.

[3] 陈永生．非法证据排除规则的举证责任 [J]．现代法学杂志，2001（6）：114-117.

[4] 张惠保，陈正．非法证据的排除及其举证责任分配 [J]．人民检察，2005（14）：37-38.

[5] 胡洋．论非法证据排除中的证明责任与证明标准 [D]．北京：中国政法大学硕士学位论文，2009.

[6] 赵延勇．论刑事诉讼中非法证据排除规则在我国的构建 [D]．北京：中国政法大学硕士学位论文，2010.

[7] 刘康．刑事司法令状制度研究 [D]．太原：太原科技大学硕士学位论文，2009.

[8] 郑旭．三大诉讼举证责任比较 [J]．行政法学研究，1997（3）.

[9] 胡巧绒．举证责任分配规则研究 [D]．上海：上海复旦大学博士学位论文，2013.

[10] 杨宇冠．我国非法证据排除规则实施问题研究 [J]．法学杂志，2014（8）.

[11] Peter. Murphy：murphy on evidence [M]．224.

[12] [英] 塞西尔·特纳．肯尼刑法原理 [M]．王因庆，译．北京：中国大学出版社，1997：13.

[13] 宋英辉，译．刑事证据法的若干问题 [M]．北京：中国政法大学出版社，2000：31.

[14] Pual F. Rothstein. Evidence：State and Federal Rule [M]．West Pub. Co.，1981：88.

[15] 王丽．非法证据证明责任问题研究 [D]．长春：吉林大学硕士学位论文，2015.

我国国际私法中对弱者利益的保护

学　　生　尚　群

指导教师　刘剑骅

摘　要：本文的研究目的是探究我国国际私法中对弱者利益保护的相关问题。本文整合运用价值分析、归纳总结等方法，阐述了国际私法中弱者的定义与弱者利益保护的必要性，通过对国内外关于弱者利益保护冲突规范的比较，提出问题并对我国《中华人民共和国涉外民事关系法律适用法》（以下简称《法律适用法》）在弱者利益保护方面的相关规定提出完善建议，以期更好地运用法律手段保护弱者利益，维护其合法权益，实现其实质正义。

关键词：国际私法　弱者利益保护　涉外民事关系法律适用法

前　言

随着国际民商事交往的增多，涉外民商事法律关系中出现越来越多需要从法律适用角度进行关注的弱势一方，弱势一方分布的范围也在不断地扩大。在经济全球化的今天，如何使国际民商事纠纷获得实质公正的解决，如何更好地保护弱者的利益，如何在纷繁复杂的法律关系中确定更能体现使案件结果对于各方利益有效维护的准据法，是完善我国国际私法立法的一个重要课题，解决这一问题具有紧迫和现实的意义。

弱者利益保护已成为国际私法中一个新发展趋势，当前许多国内实体法都不同程度地倾向于弱者利益保护。有的从法律适用原则方面体现对弱者利益的保护，例如有利原则；有的从具体规定上对弱者利益进行保护，各国一般在婚姻家庭、涉外合同和侵权方面进行规定。在国外具体的国际私法立法中，凯弗斯提出了弱者利益优先的“优先原则”。[1] 国

---

[1] 孙睿杰．论国际私法中弱者利益保护——以《涉外民事关系法律适用法》为视角［D］．合肥：安徽大学硕士学位论文，2013：2.

内方面，我国学者也对国际私法中弱者利益保护进行了一定的探究，其中屈广清老师编著的《弱势群体权利保护的国际私法方法研究》是代表作之一。2011 年 4 月我国实施的《法律适用法》，其在具体条文中体现了弱者利益保护。例如在父母子女关系中加入了有利于“保护弱者利益”的规定。但相比之下，仍存在缺陷。

一、国际私法中弱者利益保护的必要性

（一）国际私法学对弱者的界定

探究我国国际私法中弱者利益保护问题，首先要了解弱者是什么。国际私法中对弱者的界定：在涉外民事和商事关系中处于劣势地位、需要国际私法为其提供保护的特殊群体，主要在以下三个方面涉及：第一，涉外婚姻家庭领域，即夫妻关系、父母与子女关系中的弱势一方；第二，涉外合同领域中的劳动者、消费者等；第三，部分涉外侵权领域中的被侵权人等。[1] 国际私法中的弱者身份具有三种特征。

第一，弱者身份具有相对性的特点。弱者是相对于强者来说的，弱者身份是与相对强势一方比较后，因在维权、社会地位等方面处于不利地位而得出的结论。这种相对性还应在同一范畴中进行比较才能得出，在不同范畴中进行比较并不能精确地得出哪个是弱者的结论。例如在涉外劳动合同中，用人单位与男性劳动者相比是强者，即男性劳动者处于弱势地位，但并不能因此得出该男性劳动者在涉外侵权领域也处于劣势地位。

第二，可变性是弱者身份的另一特征。弱者的身份处于动态变化之中，随着时间的变化或条件的改变，弱者身份可以发生改变。比如在父母与子女的关系中，未成年子女相较父母来说是弱者，但子女成年后，年老父母就变成了弱者。此外，弱者身份是存在于特定的涉外法律关系中的，且在此法律关系中处于相对弱势地位，假如弱者存在的民商事法律关系发生变更或者消灭，弱者的身份也将发生变动。

---

[1] 曲波．国际私法本体下弱者利益的保护问题［M］．北京：法律出版社，2009：9.

第三，弱者身份具有法定性的特征。作为弱者身份重要特征之一的法定性是指，通过法律规定哪些群体可以获得法律上的弱势地位，从而得到法律倾斜性保护。

国际私法上对弱者的保护是指规定在涉外民事和商事法律关系中，对权利义务实施不平等、处于弱势地位的群体实施的特殊性保护。

（二）国际私法中弱者利益保护的法律价值体现

1. 弱者利益保护是法律人文关怀的深层价值体现

法律作为人权的保障书，更加注重人权的保护，特别是对弱者基本人权的保护。国际私法作为法律的一个部门，在涉外民商事纠纷中对基本人权的保护具有重大责任，尤其是对弱者的保护。因为通过国际私法冲突规范的指引才能确定准据法，所以国际私法对弱者予以倾斜保护是非常重要的。

2. 保护弱者利益是追求实质正义的体现

随着经济的迅速发展，国际民商事关系越来越复杂，如果国际私法的立法不能完全与实践相契合，那么处于弱势地位的特定当事人在法律适用对其不利时，他们的合法权益很有可能会遭受到侵害。因此当代国际私法注重追求法律适用实质上的平等多于追求形式上的平等，即与表面上确保法律适用相比，所适用法律的最终结果才是真正追求的目标。

在这方面贝科克诉杰克逊案最为典型。富德法官在实质正义与形式正义面前选择了实质正义，通过适用当事人双方共同居住地这一连接点进行判决，这样的判决结果更有利于保护弱者利益，是当代国际私法所追求的价值。

3. 国际私法领域是民事领域在法律适用问题上的延伸

民法作为调整私人领域关系的法律，是人们在社会生活中要遵守的准则之一。随着启蒙思想运动席卷全球，自由、平等的理念深入各个领域，近代民法也吸收该理念作为立法的指导思想，但该平等仅限于形式上的平等，认为民事主体地位没有分别。随着经济的发展，社会生产力水平的提高，社会财富逐渐集中在少数人的手中，民事主体地位开始不对等，出现了需要法律进行特别保护的弱势群体，现代民法应运而生。我国现代民法将实质上的平等作为立法理念，开始关注弱者利益保护的问题，不仅在《民法通则》这部基本法律中对弱者给予倾斜保护，如在合同中赋予弱方当事人撤销权和解除权；还通过制定特别法单独规定弱者利益保护问题，比如《消费者权益保护法》《未成年人保护法》。

国际私法是冲突规范法，解决涉外民商事纠纷适用哪国法律的问题。国内民法恰恰是国际私法的法律渊源之一，在国内民法中也往往体现国际私法的内容，例如，《民法通则》中有关于涉外扶养关系法律适用的相关规定，因此民法中的立法理念也会被国际私法立法借鉴，弱者利益保护理念也会被贯彻。

二、国际私法中关于弱者利益保护的体现

国际私法许多方面都体现了弱者利益保护，但在涉外婚姻家庭领域、涉外合同领域、涉外侵权领域这三个领域涉及最多。

（一）弱者利益保护在外国国际私法中的体现

1. 涉外婚姻家庭领域

在国际私法调整的涉外民商事法律关系中，夫妻、父母子女关系通常表现为人与人之间的身份关系，与其他法律关系相比具有特殊性，因此运用法律手段保护婚姻家庭关系中弱者利益不受侵犯是各国法律适用法发展的主流趋势。

（1）保护夫妻关系中弱者一方的冲突规范。

男女在夫妻关系中名义上是平等的，但是实际上由于生理体能等方面存在差异，男性在此法律关系中通常处于强势地位，这就要求国际私法在制定法律条文时注重实质正义，在可供选择的连接点中，明确要求适用利于弱者保护的连接点。

1986 年《联邦德国关于改革国际私法的立法》第 17 条第 3 款的规定是这方面立法的典型。[1] 该法条明确规定夫妻离婚时的供养补贴要公平

---

[1] 1986 年《联邦德国关于改革国际私法的立法》第 17 条第 3 款规定：（1）如果夫妻一方在婚姻存续期间就得到位于联邦德国境内的另一方的供养或补贴的；（2）如果在婚姻关系存续期间，支配婚姻人身效力的法律对供养补贴作有规定的。在上述两种情况下，应根据夫妻双方的经济状况，包括在国外期间的状况，决定供养和补贴，并尽量做到公平合理。

合理。德国国际私法立法具有先进性，它用实质公平作为标准来分配夫妻之间财产，顺应了社会的发展趋势，对夫妻平等对待，使双方利益都得到了保护。

（2）保护子女及被扶养人利益的冲突规范。

确立有利原则是各国国际私法规定子女及被扶养人权利时，通常使用的立法手段。各国在规定有利原则适用方法方面是存在差别的。有的国家将其作为补充原则适用，比如1978年通过的《奥地利国际私法》第21条对婚生子女与父母人身关系法律适用的规定采用了这样的立法模式，❶ 而有的国家则与其他连接点一起选择适用，如1995年《意大利国际私法制度改革法》对非婚生子女认领的法律适用的规定。❷

2. 涉外合同领域

各国国际私法对涉外合同特定当事人的保护，主要通过限制当事人的意思自治的方式来实现。该基本适用原则，在各国涉外特殊合同立法中得到了采纳。

（1）涉外消费合同中保护弱者一方的冲突规范。

涉外消费合同是一种特殊的涉外合同，其对弱者保护的法律适用理论与涉外普通合同相同，但是也有其特殊性。涉外消费合同中消费者相较于经营者来讲在经济实力、掌握的商品信息等方面处于弱势地位，为了保护处于弱者地位的消费者，在法律适用中主要采用意思自治原则并对意思自治原则进行必要的强制性限制，这在国外立法中主要采用的是这种立法模式：以当事人选择的法律不得违反法律强制性规定的方式保护弱者利益。例如，1986年《联邦德国关于改革国际私法的立法》第29条就有类似的规定，其明确反对当事人通过协议选择法律的方式，来规

---

❶ 1978年《奥地利国际私法》第21条规定：子女婚生的要件及因此而发生的争议，依该子女出生时配偶双方的属人法，如子女出生前婚姻已解除，依解除时配偶双方的属人法。配偶双方的属人法不同时，依其中更有利于子女为婚生的法律。

❷ 1995年《意大利国际私法制度改革法》第35条第1款规定：认领非婚生子女的条件应由子女出生时的子女本国法支配，或在更为有利的情况下，由认领发生时认领非婚生子女者的本国法支配。

避消费者惯常居所地国法律中保护消费者利益的强制性规定。[1]

（2）涉外劳动合同领域保护弱者一方的冲突规范。

涉外劳动合同是一类较为特殊的涉外合同，在劳动合同关系中，用人单位与劳动者相比，其在资金、信息获取等方面占优势，劳动者不能与其相抗衡，因此处于不利地位，所以给予劳动者法律上的特殊保护是十分必要的。

多数国家在法律中依然明确对当事人的意思自治原则进行适当限制，但限制程度上又有差别，主要在以下三方面有所体现。

第一，有的国家规定当事人的自主选择权不得违反所依据法律的强制性规定，如涉及劳动者安全和健康的规制。比如在1986年《联邦德国关于改革国际私法的立法》第30条规定：在雇佣合同中，当事人选择法律时不得取消雇佣合同所依据的法律中保护雇员的强制性规定。这种立法模式主要是通过保证专门保护劳动者利益实体法的适用来保护劳动者利益。

第二，有的国家则对意思自治原则进行削弱，使其居于次要地位。如《瑞士联邦国际私法》对劳动合同中当事人选择法律的范围进行了限定。这样的规定避免了处于弱势地位的劳动者的过大法律选择权对其利益保护的不利影响。

此外，有的国家甚至在劳动合同中明显排除意思自治的适用，而只规定特定的连结点指引准据法。如《突尼斯国际私法典》第67条中只规定了劳动者惯常完成工作的地方为连接点。[2]

（3）涉外保险合同中保护弱者一方的冲突规范。

在涉外保险合同中，被保险人相对于保险公司而言，在经济实力、

---

[1] 1986年《联邦德国关于改革国际私法的立法》第29条规定：消费合同当事人选择法律的结果，不得剥夺消费者习惯居所地国家法律强制规则所赋予的保护；没有法律选择时，适用消费者习惯居所地法。

[2] 《突尼斯国际私法典》第67条规定：劳务合同由劳动者惯常完成其工作的地方所属国的法律支配。劳动者惯常在几个不同国家实施劳务，劳务合同由雇主机构组成地国法支配，但整体情势表明该合同与另一国有更加密切的联系的，合同由该国法律支配。

信息获得等方面都处于劣势地位，并且一般情况下保险合同是格式合同，这可能会侵害被保险人的合法利益，因此各国的国际私法都体现了保护被保险人的合法权益。通过对各国涉外保险合同立法的分析，可以发现适用意思自治限制原则是弱者利益保护的首选原则。《美国第二次冲突法重述》规定如果法律选择条款指定的州法律对被保险人利益的保护低于依第 192 节本应适用法律给予的保护，这样的法律选择不会被法院所承认。❶

3. 涉外侵权领域

在涉外侵权合同中，侵权人相对于被侵权人而言处于强势地位，其人身或财产不易受到侵害，因此国际私法上更注重对被侵权人的保护。各国国际私法在涉外侵权领域中，对于不同的侵权行为适用不同的冲突规范。纵观现今不同国家的国际私法对侵权行为进行不同的分类规定的情形，其主要分为以下三种情形。

（1）涉外产品侵权责任。

①使被侵权人所在地成为连接点之一。与一般的连结点相比，如侵权人营业地、销售地，被侵权人所在地维权成本低，对被侵权人更为有利。比如《突尼斯国际私法典》在涉外产品责任的法律适用中增加了被侵权人惯常居所地这一连接点。❷

②引入有限的意思自治。允许被侵权人选择可适用的法律范围，但是也对其进行一定程度的限制。《罗马尼亚国际私法》立法采取了这样的立法手段，将法律选择权单方授予被侵权人的同时，又限定被侵权人选择适用准据法的范围。

（2）涉外媒介人身权侵权。

人身权由人格权和身份权两部分组成。随着信息时代的到来，媒介

---

❶ 《美国第二次冲突法重述》规定人寿保险合同适用投保人的住所地法。存在法律选择的条款，如果这样的条款所指定的州的法律给予被保险人利益的保护低于依第 192 节本应适用的法律给予的保护的，则法院是不会承认这样的法律选择条款的。

❷ 《突尼斯国际私法典》对涉外产品责任的法律适用是这样规定的：连接点供被侵权人选择：产品制造商常设机构所在地或者注册所在地、产品取得地、侵权结果地及被侵权人惯常居所地。

侵权也随之出现。此类侵权案件中的双方当事人一般没有直接的身体接触，也就很难确定连接点，对被侵权人来说，自己的合法权益就很难得到维护。因此许多国家会在冲突法规范中规定被侵权人有单方法律选择权，以此来保护自己被侵权人的合法利益。《瑞士联邦国际私法》是这方面立法的代表，不仅界定了涉外媒介侵权，还规定了此类侵权的法律适用。

（3）涉外公路交通事故侵权。

在外国，涉外公路交通事故侵权是一种特殊的侵权类型，对其进行专门规定的立法并不是很普遍，但是，一些国家的立法中已经体现了对其中被侵权人的倾斜保护。如《突尼斯国际私法典》就明确规定涉外公路交通事故中被侵权人有权选择适用损害发生地法。这样被侵权人可以通过比较利弊，选择对自己有利的法律，维护自己的合法权益。[1]

（二）弱者利益保护在中国《法律适用法》中的体现

我国《法律适用法》没制定之前，对涉外弱者利益保护的规定主要在《民法通则》中。该法制定生效后，作为特别法，弥补了中国国际私法单独保护弱者利益的立法空白。

1. 涉外婚姻家庭领域

我国《法律适用法》首次规定涉外父母子女关系、涉外扶养和监护关系的法律适用要对弱者利益予以倾斜保护，缩小了我国国际私法立法与外国的差距。

（1）涉外父母子女人身财产关系。

我国《法律适用法》第25条首次规定了涉外父母子女人身、财产关系的法律适用，这是我国立法上的进步。从该法条可以看出，原则上适用“共同经常居所地法律”，“有利原则”作为补充而适用。这一规定的确立有利于直接地保护弱者利益，是对中华民族尊老爱幼优秀品质的传

---

[1] 《突尼斯国际私法典》对涉外产品责任的法律适用是这样规定的：连接点供被侵权人选择：产品制造商常设机构所在地或者注册所在地、产品取得地、侵权结果及被侵权人惯常居所地。

承和发扬。[1]

（2）涉外扶养关系。

《法律适用法》对扶养关系法律适用的规定有了很大的完善，其中第29条[2]采用了“有利于”的模式对弱者利益进行保护。相较于以前的规定，“有利原则”的规定弥补了传统法律中只适用最密切联系原则的缺陷，并对法官的自由裁量权进行了一定的限制，体现了对扶养关系中较为弱势一方的被扶养人的保护。

（3）涉外监护关系。

《法律适用法》第30条规定：监护，适用一方当事人经常居所地法律或者国籍国法律中有利于保护被监护人权益的法律。[3] 我国以前的法律中没有明确地规定涉外监护关系，此法进行了首次规定。同涉外扶养关系一样，立法采用的是在多个连接点中适用有利于弱者的方式。这种直接性的规定改变了只适用被监护人一方的法律的局面，能更好地保护弱者即被监护人的合法权益。

2. 涉外合同领域

（1）涉外消费合同。

我国《法律适用法》第42条[4]专门对涉外消费合同的法律适用作了规定，这是我国立法第一次明确表明消费合同是特殊合同，与一般涉外合同的法律适用存在差别。我国对它的法律适用问题是这样规定的，原则上适用消费者经常居所地法。因为经常居住地法律是消费者最了解的法律，有助于其权利的维护。另外，在符合法律规定的情况下也可以适

---

[1] 2011年《法律适用法》第25条：父母子女人身、财产关系，适用共同经常居所地法律；没有共同经常居所地的，适用一方当事人经常居所地法律或者国籍国法律中有利于保护弱者权益的法律。

[2] 2011年《法律适用法》第29条：扶养，适用一方当事人经常居所地法律、国籍国法律或者主要财产所在地法律中有利于保护被扶养人权益的法律。

[3] 2011年《法律适用法》第30条：监护，适用一方当事人经常居所地法律或者国籍国法律中有利于保护被监护人权益的法律。

[4] 2011年《法律适用法》第42条：消费者合同，适用消费者经常居所地法律；消费者选择适用商品、服务提供地法律或者经营者在消费者经常居所地没有从事相关经营活动的，适用商品、服务提供地法律。

用商品、服务提供地法律，但必须满足消费者选择或在消费者经常居所地经营者没有从事相关经营活动这个条件。此规定更多地把消费者的利益纳入法律照顾范畴，使其得到更好的保障。

（2）涉外劳动合同。

涉外劳动合同的法律适用是在我国《法律适用法》第 43 条❶中规定的，我国国际私法首次对涉外劳动合同是一种特殊合同作规定。劳动者的生活中心一般是在劳动工作地，劳动者权利义务在此产生，适用劳动者比较熟悉的工作地法律对其更加有利。不能准确地确定劳动者工作地在哪时，适用用人单位主营业地的法律解决问题。这样的规定兼顾了用人单位的利益，更体现了对劳动者利益的保护。

3. 涉外侵权领域

（1）涉外产品责任侵权。

我国在《法律适用法》生效之前的现行法律体系中没有对涉外侵权案件的法律适用法作出专门规定，而该法第 45 条❷第一次单独规定该类案件的法律适用法。本法条通过对意思自治原则进行限制来调整此类法律关系。

首先，产品责任侵权适用被侵权人经常居所地法律。从常理上说，被侵权人最了解自己居住地方所颁布的法律，所以，作为固定连接点的经常居所地，会更好地保护被侵权人。其次，被侵权人被赋予了单方法律自主选择权，其可通过比较利弊，选择能最大限度满足自己利益的侵权人主营业地法律或损害发生地法律作为准据法。最后，我国在产品责任侵权立法上的一大进步是考虑被侵权人利益的同时，也兼顾了侵权人的利益，即当侵权人没有在被侵权人经常居所地从事相关经营活动时，

---

❶ 2011 年《法律适用法》第 43 条：劳动合同，适用劳动者工作地法律；难以确定劳动者工作地的，适用用人单位主营业地法律。劳务派遣，可以适用劳务派出地法律。

❷ 2011 年《法律适用法》第 45 条：产品责任，适用被侵权人经常居所地法律；被侵权人选择适用侵权人主营业地法律、损害发生地法律的，或者侵权人在被侵权人经常居所地没有从事相关经营活动的，适用侵权人主营业地法律或者损害发生地法律。

产品责任应当适用侵权人主营业地或损害发生地法律。

(2) 涉外媒介侵权。

《法律适用法》第46条规定涉外媒介侵权直接适用被侵权人经常居所地法律对被侵权人利益进行保护。❶ 经常居所地的社会法律文化与被侵权人人格的形成有着密切的联系，用经常居所地法能较快地掌握受害人受侵害的程度，也能提高效率，有利于更快地中止侵权行为。

三、对我国《法律适用法》中弱者利益保护规定的思考

从上文阐述中可以看出，我国国际私法立法规定了对弱者利益进行倾斜保护的方法。我国《法律适用法》的出台弥补了之前冲突规范对弱者利益保护的不足，但是与国外国际私法立法相比，仍存在不足，需要对其进行完善。

(一) 我国《法律适用法》对弱者利益保护的不足

1. 对弱者的界定不清晰

《法律适用法》第25条中出现了“弱者”一词，但在具体的法律条文中没有弱者是什么的表述。国内外私法学者对弱者相对赞同的一种定义是，在特定的涉外民事和商事法律关系中处于弱势或不利地位，需要法律对其进行保护的当事人。❷ 但新的问题又出现了，弱势和强势的区分标准是什么？比如在涉外合同法律关系中，一般来说，消费者、劳动者被确定为弱者；涉外侵权关系中，被侵权人一般作为弱者。但父母子女法律关系是人与人之间的身份关系，与其他法律关系相比具有特殊性，比较难确定谁是弱者，需要依靠法官的自由裁量，这就可能导致实质正义的缺失。

2. 对弱者的范围界定太窄

依据我国国际私法现有规定，涉外民商事法律关系中的弱者主要包

---

❶ 2011年《法律适用法》第46条：通过网络或者采用其他方式侵害姓名权、肖像权、名誉权、隐私权等人格权的，适用被侵权人经常居所地法律。

❷ 孙睿杰．论国际私法中弱者利益保护——以《涉外民事关系法律适用法》为视角［D］．合肥：安徽大学硕士学位论文，2013：27．

括父母子女中的弱势一方、消费者、劳动者、被侵权人。但与外国国际私法立法相比，我国《法律适用法》对弱者利益保护的范围太小。一般来说，除了上述列举的这些弱者之外，还应将涉外保险合同中的弱势一方，公路交通侵权中的被侵权人等纳入其中。

3. 弱者利益的保护方法不完善

首先，《法律适用法》中采用了较多的“盲眼”[1]冲突规则保护方法，来对弱者利益进行保护，即尽管法律条文本身对弱者作了倾斜保护，但以此援引的实体法却侵害了弱者利益，无法达到弱者利益保护的效果。比如，《法律适用法》第43条规定的劳动者工作地这个连接点，表面上看是对劳动者进行保护，但实际上，此法律可能对他们权益的维护起到阻碍作用，忽略了或许其他涉案国家法律对其有更高层次的保障力。

其次，该法中保护弱者利益的方法较分散、较单一。外国国际私法立法通过多种方式保护弱者利益，例如适用有利原则，意思自治原则等。而我国《法律适用法》不论是借助有利原则还是借助意思自治原则，对弱者的利益保护都只是局限在个别条文中，没有形成统一的基本原则，例如涉外合同和侵权领域中的“最有利于保护弱者利益的法”没有成为一项系属公式；而且其保护弱者的方法也很僵硬，连接点的数量也少。例如《法律适用法》第45条产品责任中，被侵权人在单方法律选择范围中缺乏产品销售地这一连接点。产品销售地是涉外产品侵权诉讼中十分重要的连接点，一般情况下它是和案件有密切联系的地方，也符合双方当事人的合理预期。

4. 保护弱者利益的法律规定与意思自治原则的关系不清楚

国际私法涉外合同领域中的意思自治原则是国际广泛认同和运用的

---

[1] “盲眼”规则，是指传统冲突规范因缺乏稳定性、明确性和可预测性而被称为“盲眼”规则。因为传统冲突规范只是机械地通过适用冲突规范而适用相应的准据法，而不考虑最后可能适用的实体法律的内容及案件的最后处理结果。由于无法预见实体结果，法律选择和实体内容之间必然出现一种不可逾越的鸿沟，“盲眼”规则由此而来。参见宋连斌．浅析司法实践对中国国际私法研究方法的挑战［J］．法学论坛，2003（3）：101；魏弋凯．冲突规范的现代化［D］．重庆：西南大学硕士论文，2005：14.

原则，即一般涉外合同双方当事人有权自主选择适用哪个国家的法律。我国《法律适用法》第 3 条也对意思自治原则作出了规定，将当事人的意思自治作为解决涉外民商事法律关系冲突的基本原则，但在当代中国冲突规范体系下，意思自治原则究竟怎样具体适用来保护弱者利益尚不确定。《法律适用法》第 46 条等体现保护弱者利益的条文中能否排除意思自治原则的适用，立法者对此并没有作出明确解释，因此需要进行进一步的探究。

（二）完善我国国际私法对弱者利益保护的建议

1. 确定弱者的概念，使其清晰化

根据上文所述的情形可以看出，给弱者下一个统一的清晰化概念是十分必要的。《法律适用法》中的弱者可以这样界定：在涉外民商事法律关系中，因自然、社会或其他原因处于弱势地位致使自身利益难以实现，需要法律给予特别照顾的当事人。这样就可以通过巧妙地运用“自身利益难以实现”一词来对不同领域、不同法律关系中的弱者进行保护，而且这样定义的弱者能最大限度地获得社会的普遍认可。因“自然原因”致使“自身利益难以实现”可以以夫妻关系为例：在传统观念中，女性在婚姻家庭中处于弱势地位，但是随着社会的进步和思想的转变，女性的社会地位正在逐步提高，其可能成为家庭暴力中的施暴者也不足为奇。在此种情景下，男性也可能成为婚姻家庭中的弱者。因此弱者被全面客观地定义为“自身利益难以实现”的当事人是顺应时代潮流的表现。资金、技术、受教育程度、经验等因素属于“社会原因”，这样消费者、劳动者、被侵权人等就会顺理成章地纳入了弱者的范畴。自然和社会这两种原因全面地概括了弱者形成的原因，而“自身利益难以实现”也精准地修饰了“弱者”一词。

2. 适当扩大弱者的范围

调整的法律关系越来越多、越来越广是国际私法的发展趋势。但是目前我国国际私法对弱者保护仅仅局限于涉外婚姻家庭领域中的父母与子女、被扶养人、被监护人；涉外合同的特定合同方，比如消费者、劳动者；涉外产品责任和涉外媒介侵权责任中的被侵权人是有失偏颇的。

随着社会的不断发展，法律关系的多样化，处于弱势地位需要法律保护的弱者范围远远不止这些，如涉外保险合同领域中的被保险人，涉外公路交通事故侵权中被侵权人，所以这就要求我国国际私法立法要与时俱进，适当扩大“弱者”范围，通过运用法律手段保护弱者利益。

（1）涉外保险合同的被保险人。

《法律适用法》没有将涉外保险合同的被保险人纳入弱者保护范围，是我国立法对涉外保险合同中被保险人保护的缺失。随着我国加入世界贸易组织，保险等服务行业也在中国愈演愈烈，许多外国保险公司进入中国市场开展涉外保险业务。如上文所述，在涉外保险合同中被保险人相对于保险公司而言处于弱势地位，为了保护其合法权益不受非法侵害，就应当把其纳入《法律适用法》中弱者利益保护的范围。《法律适用法》作为首部践行中国国际私法的体系化冲突规范法，将被保险人划入弱者保护范围是我国立法对弱者利益保护的一大亮点。

（2）公路交通事故的被侵权人。

改革开放以来，国际交流日益频繁，涉外公路交通事故也越来越多，其中被侵权人相对于侵权人来说，处于弱势地位，需要法律对其进行特殊性保护。如果法律没有将此类被侵权人归为弱者，他们的维权之路将会非常困难。例如，江苏南通港闸区人民法院受理的第一起涉外人身侵权赔偿案件中，即美籍被侵权人李女士与季某之间发生的公路交通侵权案件中，因为我国《法律适用法》没有对此种涉外交通事故作出明确的适用法指引，所以仍依据我国法律规定的赔偿标准，判决季某和汽车运输公司连带赔偿李女士总损失 4.66 万元。被侵权人李女士经常居住地美国的赔偿标准远高于中国，这样的判决结果对于李女士来说是不公平的，因此如何解决这方面的法律冲突来保护涉外公路交通事故的被侵权人的合法权益就成了亟待解决的问题。

3. 完善保护弱者的方法

（1）改善利用“盲眼”规则保护弱者的方法，采纳有利原则。

如上所述，目前来讲，《法律适用法》所采用的“盲眼”规则并不能保证实质正义的实现。因而，有必要改变现在使用的“盲眼”规则。我国《法律适用法》的立法目标是确保冲突规范指引的法律能真正保护弱者利益。改善"盲眼"冲突规则的方法之一是在法条中规定"有利原则"，并且保证依此指引援引的国家的实体法能切实保护弱者利益。当前，我国《法律适用法》中规定有利原则的法律法条较少，主要在涉外婚姻家庭领域涉及，所以将该原则运用到其他涉外民商事领域是完善"盲眼"的冲突规范方法之一，如涉外合同领域、涉外侵权领域等其他领域。同时，随着电子科技的繁荣发展，网络侵权会越来越多，冲突规范中规定的连接点也会变得模糊不清，很难将其确定下来，因此用"结果选择"代替"规则选择"是顺应时代发展潮流的表现。

(2) 将有利于弱者的法确定为系属公式。

系属公式指固定化的系属，它适用于解决同类性质涉外民商事法律冲突问题，常见的系属公式有属人法、行为地法、当事人合意选择的法律等。虽然国际私法中弱者产生原因、所在领域等不同，但他们都适用于解决在法律关系中处于弱势地位这一法律冲突问题，因此它们能够适用同一系属公式。系属公式随着社会的发展而发展。随着国际交往日益频繁，涉外民商事法律关系日益增多，弱者存在的领域也相应增加，所以仅仅依靠传统的系属公式来保护弱者利益远远是不够的，并不能对其进行完全的保护。假如对存在弱者的领域采用有利于弱者利益的系属公式，那么弱者利益将会得到更好的保护，而且还可以得到案件判决结果的一致，从而实现真正的实质正义。因此，国际私法应该充分发挥其具有的间接调整功能，以《法律适用法》自身为着眼点，将传统的规则选择改成结果选择，将有利于弱者利益的法确定为系属公式。这是《法律适用法》保护弱者利益的有效工具之一，也是冲突规范法领域人文关怀的重要体现。

4. 在条文中适当使用意思自治原则，并适当进行限制

随着社会的进步和发展，国际私法涉外合同领域的意思自治原则仍需传承和发扬，但为了更好地对弱者利益进行保护，应对当事人的自主选择权进行一定程度的限制，比如不能违反特定法律对弱者利益保护的强制性规定。这样的立法模式有助于保护最低程度的弱者利益，实现真

正的实质正义。现在我国涉外侵权领域与国外相比还没有这样的立法规定，因此这是我国国际私法立法所需努力的方向之一。如在我国涉外媒介侵权中增加“意思自治原则”符合国际化大趋势，但是当事人之间的意思自治必须有一定的限制，也应将一些客观因素列入考虑范围。为了更好地保护弱者利益，仍需要将“被侵权人居住地”作为首要连接点，在此限制下，如果被侵权人自主选择适用的法律对弱者更有利，则以意思自治为主。

结　论

放眼国际，注目国内，保护弱者利益是人文关怀的体现，是国内外共同追求的社会实质正义的体现。《法律适用法》的出台弥补了我国国际私法对弱者利益保护的立法空白，但是与国外国际私法立法相比，仍存在许多不足之处，例如弱者概念的模糊、弱者保护范围的狭窄和保护方法的简单都是这部新生法律中不可回避的问题，《法律适用法》的完善因此亟待解决。弱者概念和范围需要进行清晰的界定，将有利于保护弱者利益原则确定为系属公式也该提上日程，意思有限自治原则也要贯穿在法条中。随着学者对弱者利益保护的不断探究，相信该问题将会得到更多的关注和重视，在立法层面也将会取得更好的效果。

参考文献

[1] David F. Cavers. A Critique of the Choice of Law Problem [J]. 47 Harv. L Rev., 1933：173-208.

[2] 曲波．国际私法本体下弱者利益的保护问题 [M]. 北京：法律出版社，2009：9.

[3] 陈卫佐．涉外民事法律适用法的立法思考 [J]. 清华法学，2010 (9)：111.

[4] 杨秋月．国际私法中保护弱者利益的冲突规范研究 [D]. 上海：华东政法大学硕士学位论文，2012：17.

[5] 卫荣辉．国际合同法律适用中的弱者利益保护研究 [D]. 桂林：广西师范大学硕士学位论文，2010：16.

[6] 黄芝伟．保护弱者利益冲突规则研究 [D]. 重庆：西南政法大学硕士学位

论文，23.

[7] 田青．论当今国际私法中的弱者保护［A］．中国国际私法年会论文集，2010.

[8] 屈广清．论保护弱者的国际私法方法及其立法完善——以冲突规范的保护方法为中心［J］．法商研究．2006（5）．

[9] 仇静．国际私法对弱者权益的保护［D］．上海：华东政法大学硕士学位论文，26.

[10] 郭成喆．我国《涉外民事关系适用法》中弱者利益保护问题之探究［D］．长春：吉林大学硕士学位论文，1.

我国开展南极旅游环境方面的法律应对探讨

学　　生　高　会
指导教师　童光法

摘　要：本文通过对南极旅游历史的回顾，展望南极旅游的发展趋势，并且根据《关于环境保护的南极条约议定书》附件六，即《环境紧急事态导致的责任附件》的规定，运用了文献调查、对比的方法对我国开展南极旅游的情况进行了分析研究，针对我国现阶段南极旅游存在的问题，提出了法律方面的应对策略。

关键词：南极旅游　环境保护　IAATO

绪　论

近几十年来，南极旅游成为了最为前沿的旅游项目之一，越来越多的人选择和志同道合的朋友们一起远走南极，领略最原始的冰雪风光，接受精神上和生理上的挑战。尤其是近 20 年来，前往南极旅游的人数急速上升，这意味着南极旅游市场具有无限的发展潜力。同时，由于南极自然条件的独特以及生态系统的脆弱性，南极接待游客的能力也与其他旅游胜地不可同日而语，南极这片净土需要我们给予更加全面和细致的保护与关注。以《南极条约》为首的南极保护法律体系正在不断壮大，《关于环境保护的南极条约议定书》附件六，即《环境紧急事态导致的责任附件》，第一次提出了关于导致环境紧急事态的归责问题。针对以上责任附件提出的规定，我国在开展南极旅游项目时需要注意哪些问题？在环境紧急事态发生后我国需要如何承担责任？本文将主要从这些方面展开分析。

一、南极旅游的开展及南极的保护

（一）南极旅游的开展

南极旅游以 20 世纪中期 500 人前往南设得兰群岛为开端。1966 年美国人拉斯·艾瑞柯兰德伯格发表了“探险然后教育”的观点，认为只有当人们亲眼见证、亲身经历了之后，才能体会到南极的珍贵与脆弱，并主持制造了第一艘前往南极旅游的船只。❶

20 世纪 80 年代，前往南极旅游的游客有 780 人，到了 20 世纪末，南极游客人数已经超过一万，并以 46265 人的成绩于 2007～2008 年达到了全球前往南极游客数量之顶峰。根据国际南极旅游组织协会（IAATO）提供的数据，2014～2015 年度，前往南极旅游的总人数达到 36702 人，其中，美国游客依然最多，占比 34%；澳大利亚游客名列第二，占比 11%；英国游客占比 9%，位列第三；我国和德国游客人数并列第四，占比 8%。IAATO 预测 2015～2016 年度南极旅游的总人数预计能够达到 40029 人次。❷

南极具有得天独厚的自然环境，原始特色的冰雪景观，参观游玩是对南极最好的利用方式之一，虽然因其自身原因，对南极旅游资源的开发远不如世界上其他旅游胜地，但是仍存在巨大的开发空间。现如今，南极旅游的项目已经从单一的乘坐航船或者飞行器游览发展到了游览南极博物馆、冰上划船、滑雪等一系列更加具有吸引力的方式。南极的旅游发展模式已经初具雏形，越来越多的游客会选择南极作为旅游的下一站。

（二）南极的保护

1. 南极条约体系

南极条约体系，指的是《南极条约》和南极条约的成员国间签订的关于南极保护的公约合约以及协商会议通过的法律附件所构成的南极保护体系。

1959 年 12 月 1 日，美国、英国、阿根廷等 12 国签署了《南极条约》，条约冻结了对南极任何形式的领土要求，南极洲仅用于科学考察、国际和平合作，不得在南极洲出现军事活动以及爆炸物、放射物。《南极

---

❶ IAATO. Scope of Antarctic Tourism—A Background Presentation［EB/OL］. http：//iaato. org/tourism-overview.

❷ IAATO. Tourism Statistics［EB/OL］. http：//iaato. org/tourism-statistics.

条约》的出台，约束了世界各国在南极的过度开发行为和对南极主权的争夺，是人类历史的健康发展，是用和平和发展的眼光看待南极的一大进步。

1991 年 10 月 4 日，26 个南极条约协商国中，包括中、美、英、法、苏等 23 国在西班牙首都马德里签署了《关于环境保护的南极条约议定书》，并且通过了《南极动植物保护》《南极环境影响评价》《预防海洋污染》《南极废物处理与管理》《南极特别保护区》五个附件。

2005 年 6 月，第 28 届南极条约协商会议通过了《关于环境保护的南极条约议定书》之附件六《环境紧急事态导致的责任附件》，第一次就南极环境造成损害后果的责任归属作出了具体规范。

2. IAATO

IAATO 指的是国际南极旅游组织协会，该协会由七家南极旅行经营公司成立于 1991 年，旨在建立一个安全环保的全球南极旅游公益体系，为南极旅游的游客展现一个原始雄伟的南极。如今，IAATO 已经拥有 100 多家会员机构，包括南极条约缔约国、非政府间国际保护组织、南极旅游经营商等。[1]

IAATO 根据《南极条约》与《关于环境保护的南极条约议定书》制定了《南极探访须知》《南极游客活动指南》和《南极从业者活动指南》，并且在其官方网站上进行了公布。这一系列活动准则通过严格规范游客人数、景点开发、观赏野生动物指南、应急方案、救援规则、开展教育活动等，来确保一个环保安全的南极旅游行为。让人们由游历南极进而深入了解南极，并且充当南极保护的宣传大使，将南极保护的相关知识推广到世界各地。IAATO 目前是世界上最权威的具有南极旅游管理性质的旅游协会，得到了全世界的一致好评。[2]

二、我国开展南极旅游的现状及其存在的问题

（一）我国南极旅游的现状

1983 年 5 月，第五届全国人大常委会审议通过了国务院关于提请加

---

[1] http：//iaato. org/home.

[2] http：//a. tripolers. com/iaato.

入《南极条约》的议案，同年 6 月 8 日我国驻美大使向《南极条约》的保存国美国政府递交了加入文件，我国自此正式成为南极条约的成员国，并在两年后成为了南极条约协商国，对国际南极事务拥有了发言权与决策权。❶

自 1991 年第 16 届南极条约协商国会议开始，南极旅游问题已成为会议一大重要议题。固然至今各国对南极旅游的看法各异，但是增强引导管理、保护南极环境是大多数缔约国共同的主张。随着我国经济的繁荣，南极旅游的热潮也呼啸而来。2007 年 1 月，我国新华网发表了《关注南极旅游：加紧制定南极旅游相关规范》一文，提及“为了规范我国公民在南极开展的旅游，有关部门正加紧制定规范南极活动的行政法规”。这说明南极旅游活动迫切需要国内相应法律法规予以规范，而相关部门的确已经看到了南极旅游的商机和有待规范的法律缺陷。❷

随着我国南极旅游游客的增多，我国也成为了多家南极邮轮公司新的市场目标，越来越多的南极游轮上不仅有色香味俱全的中餐，还配备了中国服务生、中式家具甚至是中国特色的麻将桌。❸ 2014～2015 年，我国游客占南极旅游人数的 8%，成为世界上第四大南极旅游国家。南极旅游的项目已经高频率地出现在我国旅游机构的菜单上，而我国的极之美极地旅行机构受邀出席了 IAATO 第 26 次及第 27 次年会，这也证明了我国南极旅游的市场已经被世界所承认和期待。

2010 年 11 月 23 日，我国第一次极地包船之旅正式起航，这使我国成为继日本、德国、美国之后世界上第四个南极包船旅游的国家。2013 年 12 月，国家海洋局局长刘赐贵与国家旅游局局长邵琪伟共同签署了《关于推进海洋旅游发展的合作框架协议》，以促进我国海洋旅游产业发展。

我国人口基数众多，经济发展迅速，一个具有巨大潜力的南极旅游

---

❶ 国家海洋局极地考察办公室．南极法规［EB/OL］. http：//www. chinare. gov. cn/caa/gb _ article. php? modid=07003.

❷ http：//www. jiaodong. net/news/system/2007/01/18/000911628. shtml.

❸ http：//news. sina. com. cn/o/2014－02－22/025529534911. shtml.

市场。我国在南极已经建成了长城站、中山站、昆仑站，而新站——泰山站也于2014年正式建成开站，随着南极科研站的愈加繁荣和南极旅游队伍的日益规模化和平民化，我国前往南极旅游的游客会越来越多。我国必须着手制定关于南极旅游的专门法律法规，完善南极旅游的管理制度，使我国南极旅游市场业务有法可依，健康发展。

（二）我国南极旅游存在的问题

1. 南极旅游国际市场竞争力不足

虽然我国拥有巨大的南极旅游市场，但是目前我国对南极的开发利用主要侧重于南极科学考察活动，在南极旅游项目的经营中并没有国家经营者参与。南极旅游项目在我国的兴起，是由经济的快速繁荣、高端收入人群增多和南极旅游世界市场的发展所推动的。尽管我国已经是世界上第四大南极旅游国家，但是我国还没有具有IAATO资质的邮轮，也没有开通直飞南极旅行的航班，在世界南极旅游市场上，我国显然不具有足够的竞争力。

2. 旅游者缺少环保意识

游客在前往南极旅游前，会参加南极旅游知识的课程，学习旅游者在南极旅游行为的要求与规定，如尊重南极生物、保持南极原有风貌等，但是一些中国游客仍然存在不文明的参观行为。有摄影师在南极拍到一批中国游客冲入帝企鹅群中拍照留念，帝企鹅群受到惊吓，四处逃散。该照片发出后，网友怒批丢人丢到南极了。这反映出有相当一部分中国游客对IAATO及旅行社的规定视而不见，这不仅对南极生物的活动造成了很大的侵扰，而且还在国际社会上对我国的形象造成了不良的影响。

据报道，旅游旺季时最多有1600人参观中国南极长城站，很大一部分游客事前并没有得到科考站的批准，盲目参观打扰了科考站正常的科学考察活动，令科考站烦扰不断。

3. 法律制度的缺失

我国科学考察部门按照《南极条约》制定了一系列适用于南极科考的相关制度，但是现在国内尚未形成有关南极活动的法律，更不用说制定专门适用于南极旅游的相关法律条文对旅游行为加以规范。

在南极旅游火热的大趋势下，越来越多的国人选择南极作为旅游的下一个目的地，若我国具备相关的南极旅游法律体系对其进行规范指导，南极旅游产业将会更加规模化、合法合理化地有序发展。同时，由于南极生态环境的脆弱性，我国有责任对南极的环境负责，对国民的旅游知识和法律素质进行培育。

4. 潜在生态环境损害风险

自南极被人类发现以来，一直在被不同程度地开发与利用，直到《南极条约》及《关于环境保护的南极条约议定书》出台之后才得到了相对完整的法律保护。但是早期过度的海洋捕捞和极地矿产资源的开采，使得南极的部分生物濒临灭绝，比如海豹、磷虾，而对南极地表、大气以及海洋的影响至今存在。

为探究南极未知之谜而开展的南极科学考察活动和南极旅游，其实对南极的环境都有着不可避免的影响。由于设备的运行、旅游人员的密集、排放和交通等原因，使得区域性南极环境遭受巨大影响，包括地表土壤的破坏、大气的污染、细菌的侵入等。据鸟类学家研究，由于气候的变化和人类活动的频繁，近 20 年来南极乔治王岛上的企鹅数量下降了 40%。[1]

因此，我国在今后发展南极旅游活动时，要采取积极有效的措施，尽可能减少或避免对南极环境造成影响，这需要国家、司法部门、南极活动的经营者和参与者共同努力。

三、我国开展南极旅游的法律应对

（一）环境紧急事态导致的责任附件

1. 定义

环境紧急事态指的是在“环境紧急事态导致的责任”附件生效后，所发生的任何导致或者是存在危险导致对南极环境造成重大及有害影响

---

[1] 凌晓良，温家洪，陈丹红，等．南极环境与环境保护问题研究［J］．海洋开发与管理，2005，22（5）：3-15.

的偶然事件。❶

2. 适用范围

环境损害意味着因为自然原因或者是人类的活动所导致的赖以生存的环境产生不利影响，其包含如火山喷发等自然现象的发生和人为活动导致的生态破坏。在此，受法律调整的是导致或者可能导致对南极环境发生重大有害的影响的行为。由此可见，损害应当达到一定程度后才承担责任，避免出现无理的索赔要求。“南美洲的蝴蝶扇动一下翅膀，便会导致美国的一场风暴”，任何行为都会产生影响，但是没有达到“重大有害”标准，责任附件并不适用。❷

此外，对于显而易见的直接破坏行为造成不可忽视的环境破坏，我们应该事前预防、事后追究；对于刚开始非常轻微，但经长年累月而到达的不能轻忽程度的不当伤害，或者是可能造成不当伤害的重大隐患是否应当承担责任一直存在争议。比如说科考站的活动或者是旅游行为，由于技术的局限性和评估手段的不完善，一些隐性的损害当时并不能被检测出来，随着科学的进步和设备更新换代，日后这些隐性损害会逐步显现甚至是不可挽救。❸

所以对于南极旅游来说，做好南极旅游的知识普及至关重要，要从根源上避免损害行为的发生。同时，南极环境的损害评估要贯穿于游客的整个南极行程，从具体行为上进行规制和评价。

3. 责任性质

环境紧急事态导致的责任附件规定采用无过错责任原则。所谓无过错责任原则，指的是不管行为人主观上有无过错，只要其行为导致了损害结果发生，就要承担赔偿责任。

国际习惯法一贯采用过错责任原则，但是在环境保护法领域，尤其

---

❶ 参见《环境紧急事态导致的责任附件》第 2 条（b）款。

❷ 《关于危险活动造成的跨界损害案件中损失分配的原则草案》关于原则 4 的评注，《国际法委员会报告》（第五十八届会议，2006 年），A/61/10，第 113 页。

❸ 王惠．论南极环境损害责任制度之紧急事态导致的责任［J］. 南京财经大学学报，2009（3）：91-94.

基于南极环境的法律地位的独特性，过错责任原则已经不能完整保护南极的环境不受到侵害。南极是世界上最后一片净土，保护南极的生态环境是每一名南极游客的责任与义务，甚至关系到全人类的权益。南极的生态系统脆弱、自然条件恶劣，对于损害结果的发生，很多时候行为人并无过失，即使是活动尽到了一切保护义务，难免也会有意外发生。如果是仅采用过错责任原则，行为人被免除了责任，那么以此带来的后果对南极环境将会造成难以估计的损害。[1]

然而，我国开展南极旅游项目的时间尚短，没有出台关于南极旅游的法律规范，行为准则很不完善，难以确保在南极旅游活动中不发生环境紧急事态导致损害发生。因此在南极旅游中，游客要相当注意自己的行为是否符合 IAATO 对游客观览准则的要求，避免出现破坏南极环境的行为。

4. 责任主体和赔偿责任

《环境紧急事态导致的责任附件》明确规定，损害责任主体为南极活动的经营者。此处的经营者指的是在南极开展活动的自然人或法人，包括国家经营者和非国家经营者。[2] 当发生了南极环境损害事实，经营者应当立即采取行之有效的应急措施，但没有采取时，应该赔偿本来应当立即采取的行之有效的应急措施所需要的费用。但是此时，国家经营者应当向《环境紧急事态导致的责任附件》第 12 条规定的基金赔偿费用。而非政府组织或者个人则有多种方式，可以直接支付给上述第 12 条规定的基金，可以支付给其所属的南极条约缔约国，也可以支付给其他采取了应急措施的南极条约缔约国。[3]

我国目前并没有国家经营者，从高端专业的极之美极地旅游机构到途牛网这样的电子商务网站都是非国家经营者。《环境紧急事态导致的责

---

[1] 张丽珍．南极旅游的国际法规制［J］．中国海洋大学学报（社会科学版），2009（6）：14-18.

[2] 参见《环境紧急事态导致的责任附件》第 2 条（c）款。

[3] 张丽珍．南极旅游的国际法规制［J］．中国海洋大学学报（社会科学版），2009（6）：14-18.

任附件》规定，成员国对其国家经营者在环境损害事实发生后采取的应急措施的失败负责，但是非国家经营者除外。因此，我国暂时不需要为非国家经营者承担法律责任，但是笔者认为，我国在国际上是负责任的大国形象，我国有责任为保护南极环境贡献力量，规范我国公民前往南极旅游的行为，可以考虑在非国家经营者无力承担损害赔偿时，承担剩余责任。

5. 管辖权

《环境紧急事态导致的责任附件》规定了缔约国国内法院享有管辖权，并且规定了三年的诉讼时效。南极的环境保护关系着全世界的共同利益，凡是在南极环境损害事实发生后立即采取了行之有效的反应措施的缔约国，都可以向造成南极环境损害事实发生的经营者注册登记地或者是主要营业地或者是经常居住地的缔约国法院提起诉讼。❶ 因此，我国作为南极条约的缔约国，应当保障本国法院享有管辖权。

（二）我国开展南极旅游的对策建议

南极是人类资源的宝库，只有了解它才能更好地保护和利用好它，在南极旅游日趋流行的当下，我国应当把握住南极旅游的大好时机，因势利导，积极开展试验工作，确保我国旅游产业的可持续发展。经过了几十年的摸索发展，南极旅游业已经取得了长足的进步。经营者有了逐渐成熟和固定的经营模式，满足人们前往南极欣赏美景、接受熏陶、体会探险的需求。在此，笔者关于南极旅游有以下几点建议。

1. 遵循国际条约与国际惯例

开展南极旅游，必须要在《南极条约》和《关于环境保护的南极条约议定书》及其附件的指导之下进行，在法律规定的范围之内开展旅游活动，规避风险。

目前，虽然我国开展南极旅游业务的旅游公司较多，但是具备 IAATO 认证资质的少之又少，南极旅游毕竟是新兴的产业，在发展初期还

---

❶ 张丽珍．南极旅游的国际法规制［J］．中国海洋大学学报（社会科学版），2009（6）：14-18.

需要克服诸多的挑战。旅游公司在做南极旅游项目时，不仅要明确南极的天气情况、海陆状况、邮轮航空等问题，熟悉国际救援、环境保护、环境损害赔偿等方面的知识，在发生环境紧急事态后，还要勇于承担责任，汲取经验。

IAATO 官网公布了游客指南、防止污染指南、防止带入或带出本土生物指南等一系列行为准则，全方位对游客的行为做出了严格的规范。我国经营者应当加强对南极条约的利用和国际规则的熟悉，加快与国际南极旅游市场接轨，积极加入 IAATO，与 IAATO 合作共进，学习经验，提高从业人员的业务水平和环保意识。

2. 经营者责任应对策略

南极自身环境的独特性需要特殊保护，我国作为最大的发展中国家，有责任对南极环境的保护做出贡献。目前，我国关于南极旅游活动方面的法律条文还不完善，需要根据《南极条约》和《关于环境保护的南极条约议定书》为首的南极条约体系制定和完善南极旅游活动相关的法律条文。明确南极旅游活动的法律标准和基本原则，切实做到保护南极原始风貌、尊重科学研究和科学保护区、保护南极野生生物。应当组织专家学者对南极旅游进行研究，审批的经营者应当具备开展南极旅游的资质，明确其权利义务，对南极游客的行为作出指导规范。从法律层面帮助经营者规避潜在风险。在南极旅游方面，做到大国典范，以参观保护为主，使我国的南极旅游业务有法可依，健康发展。

当环境紧急事态导致了责任，经营者要勇于承担，而在国家经营者和非国家经营者之间，国家经营者的责任更为重大。我国目前虽然没有国家经营者，但随着南极旅游行业的发展，国家经营者出现后，需要按照法律规范约束自己的行为，避免国家为其担负连带责任。之前曾出现过南极科考站组织无科考技能的商人进行伪科学考察的情况，这存在着巨大的安全隐患，稍有不慎出现纰漏，国际社会将会视其为南极旅游的国家经营者，对此，国家需要付出很大的代价。因此，南极科考站也需要严格要求科考工作，切勿组织国际上所不允许的旅游活动。

在政策方面，应当给予南极旅游相应的支持，推动南极旅游业的发展。南极旅游不只是旅游者对南极的参观活动，更是一个国家综合国力的象征，基于南极环境自身的独特性，南极旅游作为和平利用南极的新兴方式，需要和科学考察一样得到相应的重视。国家应该在技术支持、咨询公布等方面重点扶持，顺应南极旅游经济发展趋势，因势利导，使南极旅游业更好地发展。[1]

同时国家应当鼓励我国的大企业投资南极旅游项目和南极游船业务，推动构建南极旅游的产业链，形成体系，打造我国自己的南极旅游市场，在国际南极旅游方面拥有更多的话语权。

3. 加强旅游者旅游行为规范

随着我国国内经济的繁荣，南极旅游也日趋流行，但是根据统计，每年我国游客前往南极长城站参观的人数小于300名，连出国旅游人数的1%都不到。到2015年底，我国出境旅游人数多达8300万人次，相比较而言，南极旅游市场尚未得到全面开发，潜力巨大。对此我们应该加大南极旅游的宣传力度，增加公民对南极知识的了解，鼓励和支持公民前往南极旅游，为南极旅游提供便利。

针对在南极的不文明参观行为，要加强向公众宣传南极环境所面临的严峻挑战，强化南极保护意识，致力于对南极旅游者的专业训练和素质提升。在临行前，旅游公司应对游客进行南极知识的讲授与考核，包括行为准则、生存技能，尊重南极生物、杜绝不文明参观行为等。同时与游客签订协议书，切实保证游客在南极之行中做到保护、爱护南极生态，做到什么都不带来，什么都不带走。

结　语

南极是一个世界各国关注并且受到法律保护的地区，我国作为最大的发展中国家，同时作为《南极条约》缔约国，有义务承担关注和保护南极环境的责任，指引我国经营者和游客更加健康有序地参与南极旅游。

---

[1] 陈丹红．南极旅游业的发展与我国应采取的对策的思考［J］．极地研究，2012，24（1）：70-76.

参考文献

[1] 陈杰．人类活动对南极陆地生态系统的影响 [J]．极地研究，2000，12（1）：62-74.

[2] 王惠．论南极环境损害责任制度之紧急事态导致的责任 [J]．南京财经大学学报，2009（3）：91-94.

[3] 凌晓良，温家洪，陈丹红，等．南极环境与环境保护问题研究 [J]．海洋开发与管理，2005，22（5）：3-15.

[4] 徐世杰．"关于环境保护的南极条约议定书"对南极活动影响分析 [J]．海洋开发与管理，2008，25（3）：51-53.

[5] 李薇薇．南极环境损害责任制度的新发展 [J]．法学评论，2000（3）：011.

[6] 顾婷．南极旅游：现实挑战与法律应对 [J]．政治与法律，2010（3）：135-144.

[7] 张丽珍．南极旅游的国际法规制 [J]．中国海洋大学学报（社会科学版），2009（6）：14-18.

[8] 王自磐．我国南极旅游开发探讨 [J]．旅游学刊，2004，18（6）：95-100.

[9] 陈丹红．南极旅游业的发展与我国应采取的对策的思考 [J]．极地研究，2012，24（1）：70-76.

[10] 李占生，等．南极条约体系 [M]．天津：天津大学出版社，1997.